读懂孩子心理

陪孩子走过小学和初中

李晓晴◎著

台海出版社

图书在版编目（CIP）数据

读懂孩子心理：陪孩子走过小学和初中 / 李晓晴著
. -- 北京：台海出版社，2018.9
    ISBN 978-7-5168-2061-2

Ⅰ.①读… Ⅱ.①李… Ⅲ.①少年儿童－家庭教育
Ⅳ.① G782

中国版本图书馆 CIP 数据核字 (2018) 第 189711 号

著作权合同登记号　图字：01-2018-4964

原著作名：《做一个最懂孩子的妈妈》

作者：李晓晴

本书由知青频道出版有限公司正式授权，经由凯琳国际文化代理，由北京斯坦威图书有限责任公司出版中文简体字版本。非经书面同意，不得以任何形式任意重制、转载。

读懂孩子心理：陪孩子走过小学和初中

著　　者：[中国台湾] 李晓晴

责任编辑：刘　峰
装帧设计：昇一设计

出版发行：台海出版社
地　　址：北京市东城区景山东街 20 号　　邮政编码：100009
电　　话：010－64041652（发行、邮购）
传　　真：010－84045799（总编室）
网　　址：www.taimeng.org.cn/thcbs/default.htm
E－mail：thcbs@126.com

经　　销：全国各地新华书店
印　　刷：北京市兆成印刷有限责任公司
本书如有破损、缺页、装订错误，请与本社联系调换

开　　本：710mm×1000mm　　　1/16
字　　数：155 千字　　　　　　印　张：13
版　　次：2018 年 10 月第 1 版　印　次：2018 年 10 月第 1 次印刷
书　　号：ISBN 978-7-5168-2061-2

定　　价：45.00 元

读完本书之后，请用"心"爱孩子

教育孩子，要以了解孩子为前提。

一些父母或许会觉得，孩子是自己生的，也是自己养的，每天都生活在一起，还不够了解吗？其实，孩子的心理每天都在悄悄地发生变化，如果你没有细心观察，未必能感觉到这种变化。这也是由父母与孩子的年龄差距所决定的。

在现实生活中，有很多家长总觉得自己是心智成熟的大人，跟孩子相比，自己的想法和做法肯定都是正确的，便用这种"想当然"来教育孩子，也难怪收不到效果，甚至会起反作用。这是因为，即便你吃的盐比孩子吃的饭还要多，也并不意味着你一定就能了解孩子的心理。

根据最新的调查显示，青少年的心理疾病在近几年呈现快速上升的趋势，精神性的、社会交往性的以及外界刺激所导致的心理问题也在不断增加。你或许也十分关注孩子的心理健康问题，但还是有很多隐形的心理因素是你发现不到的。

家庭就好比是孩子心理和性格的"加工厂"，简单来说，孩子的心理和性格，甚至命运，都与他所接受的家庭教育密切相关。从某种层面上来说，家是孩子最好的"心灵栖息地"，而作为父母的你，就是孩子最好的"心理咨询师"。

孩子在想什么，孩子为什么会这样想？孩子出现问题，父母该怎么办？有时候，孩子行动上的抗衡就是来源于心理上的对峙，并不是他们不懂你的苦口婆心，而是你不能满足他们的心理需要。只有破解孩子的心理密码，看穿孩子日常行为表象之下的深层心理机制，才能穿越"误区"，走出"迷局"，进入家庭教育的正确轨道。

有一句话说得好，猜孩子的心思，不如懂孩子的心理。好的父母，从孩子出生开始就应该学着了解自己的孩子。有人可能担心，父母不是心理医生，怎么能做好心理咨询呢？的确，心理咨询是一门科学，没有专业训练就"上岗"可能误导人。但是，作为父母，如果你能学习一些实用的心理学知识，多理解和尊重孩子，关心他们的成长需要，给予他们积极而及时的引导，就是最好的心理健康教育。从这个角度来说，父母就是孩子最好的"心理咨询师"。

本书的作者身为一位教育工作者、心理咨询师和有着近 10 年家教实战经验的妈妈，对幼儿心理和孩子青春期心态有着全面而深入的研究。在书中，她针对 7~13 岁孩子不同的心理特征，结合多位来访者的真实案例和个人体会，帮助读者有的放矢的了解孩子的内心世界。毫不夸张地说，这是一本消除父母与孩子冲突对抗，教会父母与孩子亲密合作的心灵指导书。

读过之后，身为父母的你可以轻松解读孩子的心理规律和秘密，根据孩子在不同阶段的心理特点，诠释问题实质，给出解决办法。

让孩子成为优秀的人，拥有灿烂的人生，是全天下父母的共同心愿，也是我们出版这本书的美好愿景。同时，我也希望读者朋友在阅读之后能给出建设性的意见和中肯的批评，一起来呵护孩子内心里的那一片绿地。

做一个足够好的妈妈

在亲友的翘首企盼中，在妈妈的疼痛和努力中，在爸爸焦急的等待中，孩子终于呱呱坠地。把孩子抱在怀里的那一刻，你的心里一定会五味杂陈——我有孩子了！

从此，在这个世界上，你有了自己生命的延续，除了巨大的幸福和喜悦，似乎突然觉得自己成熟和坚强了。

可怜天下父母心，为人父母者，没有不为养育孩子而尽心尽力的。在含辛茹苦之下，孩子终于一天天长大，会笑了、会爬了、会说话了、会跑了……可是问题也接踵而至，这个小生命逐渐出现了一些令人难以理解的怪癖（如吮手指、恋物、开灯睡觉等），变得很难管教，脾气也变得难以捉摸。你不禁感叹，做父母真是比想象中的还要难100倍、1000倍！

其实，大多数为之焦头烂额的父母，苦恼的根源都一样——不懂孩子的心理。因为不懂孩子的心理，就无法进入孩子的内心世界，无法了解孩子的真正想法，自然在教育的过程中无法做到有的放矢。

所以，要教育好孩子，首要的一步，就是要有一颗善于"解读"的心，将孩子潜藏在内心的秘密看透，了解孩子言行背后的真实意图。

孩子在人生的每个阶段，有着不同的心理和行为模式。他有需要父母帮助度过的"困难期"，也有教育的"最佳期"，如果错过了这些阶段，缺憾是很难弥补的。

心理学家研究发现，人类在胎儿末期就有记忆，一出生就有心理活动，3 岁之前需要足够多的安全感，7 岁之前是性格形成的关键时期。这一阶段所形成的性格，会对孩子将来的学习、事业、婚恋等方面造成重大影响。12 岁 ~18 岁，是孩子生理发育和心理发展急剧变化的时期，是童年向成年过渡的时期，也是人生观和世界观逐步形成的关键时期。到了 18 岁时，孩子才会基本形成稳定的人格。

这样，我们就可以看出，孩子的教育问题是一个系统的、相关的、循序渐进的过程，某个阶段教育上的失误，都要在后期用很大的代价来买单。

可能有人觉得我危言耸听。这也难怪，自从我开设亲子关系工作室以来，很多前来求助的家长，都要求我帮助他们解决一些即刻的、当下的问题，却拒绝提供孩子过去的成长历程资料，并且对我指出的一些预见性后果不以为然。

我完全可以推断，一个问题儿童必然会长成一个问题少年，一个问题少年又会成为一个问题青年、问题中年……你不能指望一个孩子在 18 岁那一年就自动长成一个心理健康、人格完善的优秀青年，孩子的成长是一步一步的，这个过程需要家长的帮助、参与和教育。

都说"养儿一百岁，常忧九十九"。如果从孩子出生那一刻起，就给予孩子最大的关注和关爱，提供科学的心理指导，建立良好的亲子关系，那么在他 18 岁的时候，你基本就可以放手了。这样的孩子，完全能够独立自主地面对生活，走好他的人生之路。

给孩子一个健康的心理、阳光的性格和完善的人格，才是你送给他的最宝贵的礼物，比给他留下多少钱财，多少房产都强。我奉劝为人父母者，牺牲一点娱乐的时间，多了解一些发展心理学的知识，懂得一点教育孩子的理论和方法，绝对是有益的。

心理学家和客体关系理论大师温尼科特发明了一个词——足够好的母亲（good enough mother），这是心理学里的一个专门的词汇。所谓足够好的母亲，就是要给孩子足够的关注，而且还得适量，你给少了叫不够好，给多了叫过分的好，与给得不够是一样的不好。简单说就是：给少了不够好，给多了也不好。也就是说，在孩子的婴儿期，更偏向于足够多，即少了不好；在孩子长大一些之后，就要学会放手，给多了不好。

可惜的是，在生活中，很多父母把这个顺序搞反了。在孩子幼小的时候，尤其是婴儿期，更多的父母关注的是孩子冷不冷、饿不饿、是不是尿了，却很少关注他的心理发展，可能是觉得这个小屁孩什么也不懂吧。而在孩子长大了一些之后，尤其是学龄期，又常常以过多的管制来限制他的心理发展。

那么，什么才算是足够好呢？"足够"和"过多"的界限在哪里呢？这个"度"说难也难，说简单也简单，只要掌握两大原则——足够的爱心和科学的方法。

足够的爱心相信每个父母都有，科学的方法却不一定，这也是我在书中要探讨和讲述的内容。

目　录

CONTENTS

Part 1　上学啦，孩子有了自己的小世界

1. 7~13岁是孩子自我意识发展的钻石阶段 / 003

2. 孩子需要独立空间，更需要心灵自由 / 006

3. 帮孩子戒掉拖延 / 009

4. 要不要与孩子做朋友，是个让人纠结的问题 / 012

5. 避开单亲教育误区，让孩子感受满满的爱 / 016

6. 该不该让孩子管大人的事？/ 020

7. 不要轻易扬起你的巴掌 / 024

8. "我有缺点，你不准学" / 028

9. 为什么网瘾会找上你的孩子？/ 032

10. 有的孩子为什么"说不得"？/ 036

11. 折断了孩子的翅膀，却又让他飞翔 / 040

12. 恐学未必是恐惧学习本身 / 044

Part 2　父母好好学习，孩子天天向上

1. "我不是完美小孩，你们也不是完美的父母" / 051

2. 家长失信，多是因为孩子的学习而起 / 054

3. 忽视孩子优点的父母该"培训"了 / 057

4. "罗森塔尔效应"带给父母的反思 / 061

5. 啰唆——孩子最厌恶的沟通方式 / 065

6. 10 岁是孩子成长过程中的一个关口 / 069

7. 孩子上学后精神压力很大怎么办？/ 073

8. 让孩子把自己的情绪宣泄出来 / 078

9. 隐私被窥视让孩子的自尊心哗然破碎 / 082

10、孩子心里的不快乐，你知道吗？——抑郁心理 / 086

11. 父母心态好，孩子状态好 / 091

Part 3　健康心理越早培养越好

1. "苟不教，性乃迁" / 097

2. 家有"撒谎精"，爸妈怎么办？/ 101

3. 让孩子理智地花钱 / 104

4. 顺手牵羊未必真的喜欢羊 / 108

5. 慷慨大方也要看初衷 / 112

6. 教孩子学会"扛得起" / 115

7. "吃苦情景剧"与挫折教育 / 119

8. 爱做家务比不爱做家务的孩子更优秀 / 123

9. 嫉妒让孩子一直活在不愉快中 / 127

10. 抢别人东西的背后故事 / 131

11. 如何看待"名牌情结"？/ 134

12. 尊重人性还是尊重规章制度？/ 138

13. 让你的孩子说到做到 / 142

14. 帮助孩子控制和疏导情绪 / 145

15. 同情心是上天赐予孩子的最好礼物 / 148

16. 关怀精神并非无师自通 / 151

Part 4 你的管教遭遇他的青春

1. 性教育——青春期教育的重中之重 / 157

2. 给孩子搭几道"防火墙" / 161

3. 吾家有女初长成 / 164

4. 做孩子最好的性心理咨询师 / 167

5. 焦虑不是成年人的专属名词 / 171

6. 你说东，他偏往西 / 174

7. 孩子的"不听话"有时是一种自我保护 / 178

8. 良好习惯由合理竞争塑造而成 / 182

9. 恋爱是否过早，不应只从年龄上看 / 185

10. 追星的体验对孩子的成长很重要 / 189

Part 1
上学啦，孩子有了自己
的小世界

　　孩子入学后，其学习活动已经成为主导活动，孩子的社会交往面扩大了，一些与学习、同学、老师有关的社会情感开始占主导地位。比如，理智感、荣誉感、友谊感、责任感等都有了一定的发展。此时，孩子的情感正处于过渡期，从外露的、易激动的表现，向内向化、稳定的表现发展。

　　对于小学1、2年级的孩子来说，衡量优劣的标准并不仅仅是孩子的学习成绩，关键在于是否具有良好的注意力、自制力、独立性和好习惯等。有些父母只看到孩子学习成绩还可以，就常常会忽略孩子性格、学习能力上的问题。在孩子大一些时，这些问题就会更突出地表现出来了，如学习成绩突然下降，情绪不稳定等等。

1.7~13 岁是孩子自我意识发展的钻石阶段

小学阶段的孩子身体的器官、系统都发育得很快，心理和思维也会发生很大的转变。他们活泼好动，精力旺盛，但同时还不具备很强的意志力和自制力，所以遇事的时候往往虎头蛇尾，无法坚持很久，这一点尤其表现在学习上。

有位爸爸带着问题来找我，他有一个上小学的儿子，名字叫辉辉，动手能力很强，老师经常夸他能干，手工做得又快又好。

有一天晚饭后，爸爸兴致盎然地教辉辉下象棋，辉辉怎么也学不会，爸爸急了，训斥他："你怎么这么笨呀！"

辉辉抬起小脸，一脸困惑地说："爸爸，昨天老师夸我聪明，今天你又骂我笨，我到底是聪明还是笨啊？"

辉辉还真把爸爸问住了，因为他不知道该怎么回答孩子才是最适当的。

美国社会心理学家库利通过一系列实验，提出了"镜像自我"理论。他认为，每个人对自己的意识是在与他人的交往过程中，根据他人对自己的看法和评价而发展起来的，而且这个过程将持续一生。库利将之形象地比喻为：将他人看作一面镜子，从镜子中可以照出我们自身的样子，而我们从镜子中看到的那个样子就构成了我们的自我。

人类的自我意识是从什么时候开始出现的呢？心理学家做了这样的实验：在小婴儿熟睡时，往婴儿的鼻子上抹上腮红，婴儿醒来后，让他照镜子，结果发现：有些15个月大的婴儿就会看着镜子，摸自己抹了腮红的鼻子。

从3岁开始，孩子的自我意识发展就从生理层面进入社会层面，他们开始从外貌、性格、人际交往等方面认识和评价自己。孩子在小学阶段，是自我意识充分发展的时期，自我评价能力也在不断地增长之中。这个过程中，家长就要致力于让孩子形成正确的自我意识。

家长是孩子的第一面镜子。学龄前的孩子处于自我意识萌芽阶段，最容易受到他人评价的影响，家长很自然地成为"第一面镜子"，映照出孩子的很多个第一次。作为重要的"第一面镜子"，家长不仅要注意积极正面评价孩子，还要注意评价的一致性。如果家长的评价前后差异很大，或者家长之间对孩子的评价分歧很大，孩子便很难形成对自己的正确认识。在众多自相矛盾的"镜像"面前，孩子会茫然，不知道真实的自己到底是什么样子。

有时候，孩子的不足就像"鼻子上的腮红"一样，别人看得很清楚，孩子自己不知道。爸爸妈妈要在合适的时候帮助孩子正视自己的问题，并帮他及时地擦掉它。孩子能够逐渐正视自己，就会拥有积极的成长动力。因为他已经成为自己的镜子，他知道如何让自己变得更好。

周围人对孩子言过其实的赞扬或过分的指责，就仿佛让孩子照"哈哈镜"，会使孩子形成不切实际的自我认识。时间长了，就失去了基本的辨别是非的能力和正确的自我意识。平时，家长要鼓励孩子参加各式各样的活动，多跟小伙伴玩耍，在这个过程中，孩子会发现自己的能力，也会发现自己与别人的不同。让不同角度的镜子见证孩子的成长，这将成为孩子一生的财富。

2. 孩子需要独立空间，更需要心灵自由

在培养孩子独立性的实际操作过程中，方方面面的问题都要顾及，为孩子打造独立空间的方法有很多，父母们应在不断地尝试和运用中培养起孩子独立自主的性格和能力。

我有一个学生天天，到了上学的年龄，妈妈觉得他应该学着独立起来了，于是给他准备了一个自己的房间。每天放学回家，妈妈就要求天天回自己的房间去做作业，不许他看电视，不许跟小朋友玩。等天天做完作业后，妈妈还让天天做课外练习，或是练习弹琴。即便是这样，妈妈还是不放心，隔一段时间就要进来看看天天有没有偷懒，有时候干脆守着孩子做作业。

这样，天天每天的时间都被排得满满的，心里总是觉得不自由。他告诉我，他不是在学校被老师看着，就是在家里被妈妈管着，根本就没有自己玩耍的时间。爱玩是孩子的天性，天天待在自己的房间里怎么也

不想按照妈妈说的去做，不仅做作业磨磨蹭蹭，有时候还爱发呆，一个人望着窗外，看着小朋友们玩得开开心心，而自己却只能一个人待在家里，心里虽然有很多抱怨，却不敢告诉妈妈。渐渐地，天天变得越来越沉默寡言。

天天的这种情况属于普遍现象，很多父母觉得孩子到了一定年龄，让孩子独处有助于培养孩子的独立性。这种想法不错，但是很多父母打着独立的大旗，却无法做到让孩子真正独立起来，跟往常一样，什么都为孩子准备好，孩子要什么就给什么，把孩子的时间安排得充实紧凑。然而，父母可否想到，给孩子安排独立的房间只是形式上的独立，孩子还需要属于自己的心灵和精神空间。孩子渐渐成长，和我们成年人一样，需要有支配的权利，包括他们的时间、私人物品以及思想。

孩子需要自己去实践自己的人生，而不是去执行大人的命令。如果孩子的一切事物大人全权包办，那么大人永远也不要期望能培养起孩子的独立性和自主性。要知道，他们是独立的个体，对人对事有自己的观念和判断。也许因为年龄小，孩子尚且缺乏一些自控能力和生活的经验，难免会犯一些错误，但是作为过来人，你应该懂得犯错是必要的，人生需要犯错带来的经验教训。比起事事为孩子考虑周到，教会孩子面对挫折的勇气当然更为可取。

给孩子一些自由的空间，让他有自主选择的权利。那么将来孩子在面对人生选择的时候，也就不会显得那么局促而束手无策。

孩子的成长过程，父母的干涉程度过高，对孩子表现出过分的关注，要么导致孩子到成年以后还不能"断奶"，事事依赖父母；要么使孩子产生反感、叛逆的心态，他们渴望人格和心灵独立的要求会越来越高。

所以如何实现自身与孩子保持相对的独立性，给予孩子一个真正自由的空间，也就显得尤为重要。

孩子慢慢在长大，为人父母要明白一个道理，一个人的成长是任何人都无法代替甚至不可过度参与的事情。父母不可能永远控制孩子，你能做的只是陪伴。在孩子的成长中，父母充当好辅助、引导的角色就可以了，选择和判断则交由孩子自己完成。

据一项权威统计显示，中国大概有30%的家庭存在着陪读的现象，城市中的家庭，还要远远大于这个比例。为了孩子的未来，很多家长宁愿放弃自己的事业，在家里一门心思带孩子，送孩子上学放学，等孩子回家后还要辅导孩子的功课，陪读的现象早就已经是司空见惯的事情了。

国外某著名的教育专家曾说过："最可怕的是用父母的幸福来栽培孩子的幸福。"家长望子成龙，望女成凤，督促孩子学习这一点，本属正常，但是过度的保护却容易适得其反。陪读可能会造成孩子的能力缺失，孩子一遇到困难就想到有父母为他们保驾护航，逐渐地产生依赖心理，根本得不到应有的锻炼，对于自理能力本来就差的孩子来说，根本谈不上独立。

3. 帮孩子戒掉拖延

实际上，喜欢拖延的孩子心情不见得就是轻松的，反而会在拖延的过程中感觉到疲乏。不论是在玩耍中，还是在休息时，应该做而没有做的任务总是会无形地压在心里，给自己一种压迫感。拖延不但不能省去精力，还有可能让孩子心力交瘁。

所以，一定要督促孩子养成"有事及时做"的习惯。只有完成了，心理上才会轻松，玩也玩得尽兴，睡也睡得安稳。

孩子有拖延习惯，是我的家长访客中最普遍提到的一个问题，我随便就可以举出很多例子。比如我有一个家长访客，就为自己孩子诺诺而一筹莫展。

诺诺做什么事都习惯拖拖拉拉的，晚饭从6点开始吃，吃到8点都吃不完，作业做几个小时都做不完。早上叫他起来上幼儿园，穿衣服也慢慢腾腾，非得等妈妈帮着穿好，再过20分钟才从房间里走出来，刷牙、洗脸也需要半小时。因为儿子的拖延，妈妈送完孩子上学，自己上班也迟到了。

爸爸妈妈好话歹话说尽，诺诺却反过来顶嘴："谁叫你们不早点叫我起床？谁叫你们不早点做饭？"说到学习，更是让人头疼。放学之后玩玩这个，玩玩那个，就是不完成作业。总是要拖到最后一刻，才会急匆匆地写，写完大概也到深夜了。

有只"小乌龟"的家庭不在少数。为什么小乌龟会这么多？原因不止一个，有些父母过于溺爱孩子，包办了孩子生活中大大小小的事情，让孩子无法体会到拖延给自己带来的坏处，反而享受到了拖延给自己带来的好处：比如衣服穿不好，妈妈会帮他穿；比如吃饭太慢，妈妈会端起碗喂他……我的一个小学员，暑假作业拖了一个假期都没有写，快到开学的前几天发动表哥表姐一起替他写，竟然赶写出来了，还洋洋得意地说，这才是名副其实的"家庭作业"。

还有一些父母，对孩子过于严厉，也会让孩子产生逆反的心理，就想跟大人对着干。你让我快点？我偏要慢吞吞的！

显然，孩子的拖延心理，严重影响到他的生活和学习，做爸妈的又该怎么办呢？

孩子的年纪小，自制力毕竟无法与成人比，拖延的心理需要家长帮助克服。爸爸妈妈可以找个时间与孩子协商，分清楚哪些事情是需要大人提供帮助的，哪些事情是需要孩子自己对自己负责的。在需要孩子自己负责的领域内，让孩子自己去做。不论结果如何，你都不要为他承担这个责任。比如，孩子拖拖拉拉不想起床，你可以不去催，等孩子上学迟到，被老师批评，他自然会知道这是自己的错，不是因为你不叫他，他才起不来的。迟到是他自己的责任，不能怪别人。如此一来，就可以养成自我负责的好习惯。

人通常是健忘的，为了避免孩子吃一堑，不长一智，要及时将孩子因为拖延而引起不良后果的事件记录起来，用以提醒孩子警惕拖拉。

另外，给孩子设定做事的期限。有限制才有紧迫感，才能让孩子珍惜有限的时间。如诺诺一样的孩子，起床磨蹭、刷牙洗脸磨蹭、走路也磨蹭。如果妈妈给他规定一个时间，在10分钟之内起床、在15分钟之内吃完饭，孩子就会有紧张意识，进而加快自己的速度。规定他半小时内完成作业，他就不会再东张西望，也不会边玩边做作业。

快与慢其实是一种做事的习惯，给孩子设定期限，也就是帮助孩子克服动作缓慢的习惯，养成正常的做事节奏。如此一来，不但可以节约时间，提高效率，还能让孩子呈现一种精神奕奕的状态，也是健康的表现。

古语说"今日事，今日毕"，拖延直接导致了时间的损失，精神的依赖，如果从小不克服拖延的毛病，对孩子今后的人生之路会非常不利，将要直接影响到孩子长大以后的执行力，影响到他的工作和学习。"以后再做"、"一会儿再做"、"明天再做"，当孩子这么说的时候，其实就是找借口拖延，已经有了浪费时间的苗头。父母一定要在这个时候硬下心肠，告诉孩子："今天有今天的事做，明天又有明天的事做，别把今天的事拖到明天，不然明天你的事更多。"

4. 要不要与孩子做朋友，是个让人纠结的问题

中国有句古训："严师出高徒。"这句话本没错，但很多父母理解过了头，对孩子过于严厉，不仅破坏了良好的亲子关系，更有甚者为此毁了孩子的一生。

中国还有一句古训，出自于《道德经》："反者道之动，弱者道之用。"明确揭示了教育的真谛，当父母肯抛弃传统教育理念中"上下级"的亲子关系，才能够真正教育好孩子。

所以，尽管当下与孩子"做朋友"的相处方式遭到了质疑，甚至由此演变为另一种溺爱，很多家长仍旧不愿放弃这个教育理念，面对渐渐长大不再听话的孩子暗自纠结着。

有个方法或许为你提供了另一条出路——在该做朋友的时候做朋友，在该管教的时候管教，同时尊重孩子独立人格的建立，创造良好的家庭氛围，不妨一试。

我的亲子关系班中有一位家长，一直用朋友式的方式和孩子相处。在家庭教育中，尽量满足女儿楠楠的要求，给她足够的自由。在楠楠上小学之前，母女之间没有任何代沟，楠楠哭闹的时候妈妈往往也能四两拨千斤地轻松化解，但楠楠上小学之后这招似乎不管用了。

一次，楠楠想要晚点睡，妈妈就和楠楠说："今天上班好累，我们现在就休息好不好？爸爸也在等我们呢！"

以往楠楠都会答应她，并且像个"好朋友"一样摸摸妈妈的脑袋哄她："妈妈不怕，我们早点休息，明天继续加油！"

可这次楠楠却说："你总说我们要平等相处，我现在一点也不困，你就先睡吧！你怎么总干涉我的自由，好烦！"

妈妈不明白孩子为什么会一反常态，问我究竟哪里出了问题？是否当孩子上了小学之后应该用"管教"模式和孩子相处呢？但是书上讲"管教"模式似乎对孩子的性格发展会有所压迫，怎样才能让楠楠像小时候那样听话，要怎样做才能使母女之间继续无代沟沟通呢？

虽然爸爸妈妈心里也想跟孩子做朋友，但是有些家长会认为，在孩子18岁正式成人独立前，和孩子成为真正的朋友是不可能的。孩子1岁时，想要的朋友就是和他一起吃奶的玩伴；孩子10岁时，想要的朋友就是和他一起打游戏的同学。孩子成年前，你或许以为和他们的关系只是教育和被教育的关系，这种关系决定了你无法在孩子成年前和孩子真正成为朋友。只有当孩子具备成人一样的思考能力后，父母才会有选择性地向孩子学习，放心地给孩子充分的自由同时尊重孩子的每一个选择和决定。

然而事实上，与孩子交朋友是可以实现的。日本教育学家铃木镇认为孩子是一个独立的生命个体，会渴望与尊重、理解自己的人做朋友。父母是孩子最先交往的人，如果他们能放下自己权威的架子，与孩子做朋友，那么良好的亲子关系自然就会建立起来。

我对铃木镇老师的话感触特别深：与孩子做朋友，不在于孩子年龄有多大，而是要看父母的出发点。希望自己不同于中国传统管教与被管教的教育模式可以换取孩子的充分信任与理解，让孩子听话。这是大多数父母选择与孩子做朋友的出发点。楠楠妈妈也是因此才与楠楠"做朋友"的。但在与孩子做朋友的过程中，爸爸妈妈们应当采取科学的方法，结合孩子不断成长的心理和不断转变与完善的性格随时调整"战略"，理论联系实际才能真正达到和孩子"做朋友"的目的，不再纠结。

为了与孩子更好地沟通，爸爸妈妈需要了解孩子真正感兴趣的和真正想要的是什么，顺利走近孩子的内心世界，与孩子建立良好的亲子关系。

和孩子的相处理论联系实际很重要，性别也是一个重要因素。

孩子在 7~13 岁这个阶段不会像小时候那样依赖妈妈，男孩更喜欢和爸爸交流，同时开始模仿爸爸的某些"大男人"行为；女孩则乐于像妈妈一样照顾家人，并且尝试与妈妈探讨某些"女性"话题，比如穿哪身衣服比较好看？最近流行什么样式的发型等等。

在这个时期，爸爸对男孩和妈妈对女孩的影响是不可忽略的，如果孩子没有得到期望的一方所给予的关爱和引导，就会开始在家庭甚至在学校里制造麻烦，以此吸引你的注意。

所以，在小学阶段，爸爸更适合做男孩的朋友，妈妈更适合做女孩的朋友。当然，无论男孩或女孩，都需要父母双方的共同关怀，但一定要记得给孩子自由，为孩子日后独立打下基础。

用"做朋友"的相处方式教育孩子是一个很好的方法，但在与孩子做朋友的过程中，一定不要过于溺爱孩子，导致孩子产生家庭是以他为中心的观念，这样就违背了与孩子"做朋友"是建立在平等的基础上的原则，父母要掌握好其中的度。

身为父母，就算选择了与孩子"做朋友"，也不可能在每一次教育孩子的过程中都用正面的方式去教育，难免会出现气急的情况，这时往往会发生强制管教，让孩子必须承认错误或必须做某件事。一个教育界的朋友说："很多对孩子的突发强制管教，其实是源于家长对孩子过早的进行负面判定。"

家长们通常都在孩子很小的时候就给孩子设置了日后发展的标准，当孩子达不到这些要求或没有往"正确"的方向发展时，家长们就会试图通过各种方式让孩子达到标准，甚至不惜强制管教。

在这种情况下，父母一定要理智对待，及时思考，反思一下你给孩子定的目标是否过高。你不能要求一个4、5岁的孩子长时间坐在小板凳上读书，也不能要求读小学的孩子心无旁骛地只想学习。

为孩子的未来做合理规划，不但对孩子的发展有很大帮助，还能避免发生突发性强制管教的次数。

5. 避开单亲教育误区，让孩子感受满满的爱

毋庸置疑，单亲孩子更需要关爱，比起物质，单亲孩子更需要心理关爱。学会关注单亲孩子的心理发展，适量满足单亲孩子的心理需求，无论是单身妈妈，还是单身奶爸，无论穷教还是富养，都要避开单亲教育误区，让孩子感受到满满的爱，健康、快乐地成长。

我有一个朋友，离婚的时候，将孩子改名叫"欢欢"。她希望她和前夫失败的婚姻不会影响到孩子的健康成长，寓意欢欢可以如父母离婚前一样欢乐。

为此，她省吃俭用，给欢欢吃好的、喝好的、用好的，只要孩子开口，她都会答应。前几天，欢欢和她说想去西班牙，她想了想，刚刚上学的欢欢开销比以前更多了，公司不太景气，她已经连续几个月没拿到销售奖金了，一次西班牙双人游要花费很多，这对我朋友而言不是一个小数目，便拒绝了欢欢的要求。谁知，欢欢当即就哭了，她说："妈妈，

我就知道你们不爱我！不然你们为什么要离婚呢？你们要是爱我，一定会为了我在一起的！"

看着哭泣的欢欢，我朋友很痛心，打电话跟我说："这些年，我决定当一位合格的单亲妈妈，可是欢欢却感受不到我的爱，究竟该怎么做才能让欢欢真的欢乐呢？我该不该答应欢欢的要求带她到西班牙玩，用更多的关爱让她快乐呢？"

随着离婚率的居高不下，单亲孩子的教育已经成为一个突出的社会问题。尽管很多人建议离婚时妈妈放弃抚养权，以便于再婚，但更多妈妈宁愿放弃自己的"未来"也要抚养孩子。

除了单身妈妈的情况，有些家庭也因为各种原因，不得不实行单亲抚养制。父亲或母亲一方远离家乡，外出工作或者进修，另外一方在家教育孩子、照顾老人。在这样的家庭中成长的孩子，大部分时间都是被单亲照顾的，除了真正意义上的单亲家庭，这种形式的家庭也要学习单亲家庭教育子女的方法。

美国一位科学家做过一次名为"感觉隔离"的试验——让一个人待在完全与世隔绝的屋子里。几个小时后，此人产生幻觉，再过一些时候，此人心理崩溃精神失常。这说明，人需要常常和外界接触、沟通，从而获取知识，全面提升。

美国著名学者 H·奥托认为，把一个人与世隔绝，是现在能够采取的最严厉的刑罚。有些单身父母因为太过于在意孩子的安全，只允许孩子在自己视线范围内活动，限制孩子与他人来往，在上班的时候，把孩子关在家中。这和"感觉隔离"试验如出一辙。单亲孩子，本来就缺少父（母）爱，心中深藏着痛苦，更需要和朋友交流，千万不要让孩子孤单地成长。

反之，有一部分单亲父母则因工作繁忙，或因离婚对孩子厌恶，或担心孩子经常一个人在家而性格孤僻，过于放任孩子。令孩子在父母离婚时形成的"爸爸妈妈忽略了我"的观念加重为"爸爸妈妈不管我了"，无形中加重了对孩子的伤害。

单身父母的难处想必都是一言难尽的。但如我朋友一般的单身妈妈，显然对孩子存有错误的教育倾向，那么单身父母究竟怎样才能给像欢欢这样的孩子最好的关爱呢？

首先，作为单亲家庭中的家长，你要在努力工作的同时及时排解心理压力，保持乐观向上的心态，给孩子带来安全感，给孩子一个踏实、稳定的成长环境。尽量了解孩子在不同年龄段的心理发展，尤其是在小学阶段，孩子的心态每天都会发生不自觉的变化，多和孩子沟通，了解孩子的困惑，有针对性地培养和塑造孩子的性格，保证孩子的心理健康。

为了给单亲孩子营造良好的成长氛围，很多单身父母都不约而同地选择拒绝再婚，其实这完全没有必要，只要避开容易伤害孩子的年龄阶段，再婚并不能说明你不爱孩子了。

孩子6岁以下和18岁以上是适合单身父母再婚的时间段。6岁以下的孩子年龄较小，对有些事情似懂非懂，父母的再婚对孩子的打击和伤害相对较轻；18岁以上的孩子步入成年阶段，思想发育成熟，心理承受力较强，相对会比较尊重父母对感情的处理，但7~17岁的孩子，则不容易接受父母再婚。

7~10岁的孩子看似不懂，其实全懂，但心理承受能力很弱，很容易受到伤害；11~17岁的孩子处于青春期，自我意识、独立意识和叛逆精神表现得尤为强烈，心理仍旧半熟的他们很可能会用过激的叛逆行为来"反抗"父母的再婚，严重影响亲子关系，甚至一生都难以修复裂痕。

但如果因为种种原因，不得不在孩子 7~17 岁期间再婚，必须明确告诉孩子无论自己是否再婚，对他的爱都不会变，降低孩子因监护人再婚所滋生的焦虑情绪。同时要给孩子一段适应期，不能强硬要求孩子马上适应家庭新成员的加入。在适应期内，随时关注孩子的心理变化和心理需求，和孩子建立充分信任的关系。再婚双方都要多陪伴和关心孩子，帮助孩子尽快适应，如果孩子不能很快适应，要取得孩子的理解和谅解，不能逼迫孩子接受事实。

6. 该不该让孩子管大人的事？

　　心理学家认为，把孩子和大人的世界隔开，看似利大于弊，实则弊大于利。孩子通过父母了解工作或人际交往方面的事情，是迫切希望长大的信号，这个信号表明孩子想用成人的方式与父母沟通。如果被拒绝，孩子会认为家庭以外的世界非常复杂，很难学到处理矛盾适应社会的能力；对人情世故和社会规则一无所知的孩子在成年后没有踏入社会必经的准备过程，会受到较大冲击。

　　有一个学生家长给我打电话，说自己前一段时间工作特别忙，压力很大，还和上司闹了些不愉快。老公说自己每天回家后总是一脸忧愁的样子，让他特别心疼，同时也提醒自己，别在女儿小荷面前表现出来，免得让小荷多想，影响学习。

　　谁知，怕什么来什么，某天老公加班，她拖着疲惫的身躯回到家，女儿小荷一脸关心地问她："妈妈，您怎么了？"

重压之下她没有多想，脱口而出："大人的事你少管，好好学习就行了！"当时小荷撇撇嘴，没有表现出很生气的样子，但几天之后吃晚饭时，她突然对爸爸说："以后你们的事情我不会再问了，我会好好学习，但是学习之外的事情你们也少管。"

小荷说这话的时候很平静，就像再说一句无关紧要的话一样，但她却不知道，这句话已经深深地伤害了爸爸和妈妈。

很多家长不愿意孩子管自己的事情，一来是担心会影响孩子学习，二来觉得孩子还小，懂的事情很少，说了也没用，既浪费自己的时间也浪费孩子的时间。然而，这是一种错误的观念。我给小荷妈妈出的主意是，有选择地和孩子说说自己的烦扰。

小荷妈妈简单地和孩子聊聊，没想到女儿兴致勃勃地给她出了很多主意。虽然这些主意一点用场也派不上，但妈妈的心里还是暖暖的，高兴之余，她也会称赞女儿的主意非常好。女儿也很开心，装着大人的样子说："妈妈，就算我不能帮你排忧解难，也能帮你出出主意，以后有事情要和我说哦！"那一刻，小荷妈妈说她真正体会到了女儿是妈妈贴心的小棉袄，特别幸福。

孩子虽然年龄小，但你也不要拒绝孩子的关心。其实，被孩子关心才是莫大的幸福，而且随着孩子年龄的增长，和他聊聊大人的事情也有很多意想不到的好处：一、常常肯定孩子的主意会使孩子变得更加自信；二、和孩子聊自己、家庭的事情会使孩子明白自己的重要和责任，养成关爱他人的好习惯；三、可以让孩子了解真实的自己和社会规则。

很多专家总是强调要和孩子做朋友，朋友就应该相互交流，不能只引导孩子说出他自己的事情。年龄大些的孩子往往不吃这一套，更喜欢互动，与孩子说说我们自己的事情，更容易使孩子信任我们，建立良好的亲子关系。

大人和孩子的思考方式不同，有句俗语说大人吃过的盐比孩子吃过的饭都多，讲的就是家长的处事经验多于孩子。我就是在这种环境下长大的孩子，在大学毕业以前，父母从没让我管过家里一丁点的事情，那时我像小荷一样气愤，认为父母没把我放在眼里，只知道让我学习，直到进入社会工作后，我才体会到爸爸妈妈尽全力保护我的心。但是这种保护，总让我觉得有丝丝的遗憾，遗憾不能在父母心里难受的时候为他们分担，其实当时我是有足够的理解力，来接受他们的烦扰的。

未成年的孩子都很敏感，具备从父母表情中分辨父母心情的能力。如果父母明明心情不好却故意说"没事"，会让孩子感到父母言行不一致，认为父母和他相处时不够真诚，最终导致亲子关系出现问题。

让孩子了解我们的事情可以增强孩子的家庭归属感，但是提倡让孩子管你的事情，并不是让孩子知道父母所有的事情，孩子有隐私权，我们也有隐私权。

当孩子问你"发生什么事情"的时候，你不妨以孩子能够接受的方式大大方方地告诉孩子，请孩子帮忙出谋划策，同时和孩子探讨处理该件事情最为行之有效的办法。如果事情确实难以和孩子启齿，也不要直截了当地对孩子说"大人的事情你少管"之类的话，这句话曾经伤害过很多孩子。因为当你说这句话时，会不自觉地采取或焦急或气愤的语气，加之身体语言的表达，明显给孩子以拒绝关心或厌恶关心的感觉，使孩子认为侵犯了我们的隐私，对你抱有负罪感，影响孩子在家庭中的安全感和价值感。

父母可以用温和的口吻对孩子表明态度"这是爸爸妈妈之间的事

情，爸爸妈妈必须自己处理和解决"，并适时询问孩子"你可以尊重我们的决定吗？"。让孩子了解我们爱他的心，树立虽然他是家庭中重要的家庭成员之一，但并不是任何事情他都享有知情权，跟他没有关系的事情，就不要过问的意识，以此来为孩子设置询问的界限。让孩子明确，虽然你爱他尊重他，但并不代表你对他完全"不设防"。

7. 不要轻易扬起你的巴掌

　　通常而言，孩子爱反抗是因为心理需求没有得到满足，孩子只能通过"反抗"来引起父母的注意。所以，当孩子突然爱反抗时，我们要及时和孩子沟通，用心倾听孩子的诉求，充分理解孩子的情绪，让孩子感受到我们对他们的爱和尊重，一味进行打骂教育，是"治标不治本"的方法。

　　我们班的"叛逆少年"小志，特别爱反抗，而且是以各种方式来反抗。督促他学习时他会跟老师顶嘴，在家里妈妈让他快点起床去上学他就故意拖延，妈妈提醒他玩电脑的时间过长他就用力摔鼠标。最初，爸爸看到小志这样特别生气，有好几次都忍不住要打小志，但都被制止住了。可时间长了，小志反抗的次数多了，妈妈也特别生气，有一次忍不住扬起了巴掌。小志并不害怕，小脸一扬，妈妈见不打似乎也下不来台阶，就一巴掌下去了。见小志的眼里噙着眼泪，妈妈心里充满了自责。

　　无独有偶，我还收到过这样一封来信：

在我们班上，大部分同学都被父母打过，我也是其中之一。我特别羡慕那些没有被父母打过的同学，尤其是在每次我没考好，父母打我的时候。

在一次的数学考试中，我只考了65分，老师要求家长签字。为了不挨打，我回到家后欺骗了爸爸，对他说："这次考试全班同学考的分数都不高，老师也说及格了就可以。"爸爸相信了，没有打我。

但好日子不长，不久后的家长会后，爸爸回来就狠狠地揍了我一顿，说撒谎的孩子必须要打。我很希望爸爸妈妈可以在考试之后和我一起分析试卷，给我讲解不太懂的题目，但是他们永远只看重我的分数。

后来，我成了"爱反抗"的孩子，爸爸妈妈让我做什么事我都会有意无意地反抗他们，既然得不到他们的爱和理解，我就反抗到底。可是有时候看着爸爸妈妈操劳的身影，我的心里又很难受，我该怎么办呢？

近年来，"虎妈"、"狼爸"频现，铁腕教子的教育方式再次引起争议。很多家长知道打孩子不对，可是当孩子就是爱反抗的时候，到底该不该打呢？如果打了，孩子会不会因此更爱反抗，直接离家出走？如果不打，可以用什么办法来解决呢？

在古时候"不打不成器"的传统教育理念培养出了千千万万个人才，《史记》中就有过明确记载。有些家长觉得通过打这种方式来教育孩子是天经地义的——孩子从家庭步入到社会，如果不通过强制手段让孩子认同某些规则，孩子日后很可能会适应不了社会环境，不能成为一个对国家、对社会有用的人。事实果真如此吗？

我的主张是无论孩子做错了什么事，都不要打孩子。孩子爱反抗一定有孩子的原因，在没弄清楚原因之前就因为生气而打了孩子，且不提你心疼与否，对孩子的伤害也非常大，这种伤害表现在两个方面：

首先会对孩子身体造成伤害，家长们在盛怒之下的出手往往掌握不好轻重，一个在医院工作的朋友告诉我，扇耳光会造成鼻腔出血、牙齿脱落和听觉神经损伤，打屁股会发生因皮下瘀血所致的肾创伤，如果伤到坐骨神经还会影响到脊椎的健康，直接或间接损伤脑干。就算是避开这两个常被伤害的部位下手也有可能会发生骨折、流血甚至休克的情况。

除了身体上的伤害，同时还会对孩子的心理造成伤害。孩子视父母为最亲密的人，当被他们打时，孩子的心理会非常恐惧。大多数被打的孩子都会或多或少降低对父母的信任度，如果伤害过大，还可能会丧失信任他人的能力，更可能因此而无法在日后的工作团队中提出自己的意见，缺失团队合作精神。

如果得不到良好的心理辅导，孩子被打时产生的愤怒心理将会伴随他们一生，一旦进入青春期，很容易进化为逆反心理。

女孩子尤其打不得，小时候常挨打的女孩成年后往往性观念开放，在婚恋方面也倾向找脾气暴躁的“大男子”主义的配偶，这就是人生的怪圈之一，也是父母送给孩子的坏礼物之一。当父母不尊重女儿的身体时，女儿也会在潜意识里轻视自己的身体，如果经常被父亲打，则直接为日后婚姻的不幸埋下伏笔。

孩子都很善于模仿，如果父母选择“以暴制暴”的方式来教育孩子，孩子很可能在学校或其他环境中模仿父母的“暴力”行径，比如对同学大叫大嚷或干脆动手解决问题等。

可见，爸爸妈妈的打骂对孩子造成的不良影响是非常多的，为了孩子的身心健康，请不要轻易扬起巴掌。

当孩子反抗，控制不住情绪时，家长可以采用暂停的方式，比如对孩子说："这件事以后再说，我们都要冷静思考一下。"或者直接告诉孩子正确的做法，并且告诉孩子一定要让他这么做的理由，同时和孩子一起商量，设定思考和履行的时限，不要马上让孩子认同我们。

另外，很多家长想对爱反抗的孩子动手的原因是，他们认为孩子挑战了自己作为家长的权威，意图通过打孩子让孩子服从。研究表明，父母与孩子之间的矛盾，多半都是由于父母和孩子"较劲"，家长和孩子之间难免会有代沟，但放下身段平等地与孩子沟通才是好的解决办法之一。

我家楼上住了一位大学教授，这位先生教育孩子很有一套，他不主张打孩子，但必要的时候也会打，而且打得很有水平。

一次，他家孩子偷偷拿走了我的手表，他知道后很生气，决定要打孩子一顿。在打之前，他和孩子说："儿子，因为你今天偷拿了邻居的东西，所以爸爸要履行教育你的责任，决定打你了。你想让爸爸打两下屁股还是打一下手心呢？"孩子想了想，选择了打一下手心。

同样是打，这位大学教授的打就很有效果，在这之后，他家孩子再没有偷过东西。对这种打孩子还要与孩子商量的教育方式，他解释道："第一，我告诉了孩子打他的原因；第二，我在打孩子之前告诉了孩子，没有吓到他；第三，让孩子自己选择责罚方式令他有控制局面的感觉，不会伤害孩子的尊严。孩子在挨打之后，我引导孩子树立好思想好品德时他多半会反思进而认识到自己的错误。"

作为家长，我们要用积极的心态看待孩子的反抗，用正确的方式教育孩子。当然，也要用科学的方式"打"孩子，因为科学的"打"也是教育孩子的方法之一，如果你觉得不得不打孩子的时候，先想想你"打"的分寸在哪里。

8．"我有缺点，你不准学"

古人有云"责人宽，责己严"。家长做得有礼有节，孩子就会有模有样。做到用七分的注意力来"责己"，用三分的注意力去"责子"，才是明智的父母。这种教育方式效果最好，效率最高，引起孩子反弹的概率也最小。

"家庭教育的本质是家长的自我教育"，教育专家的这句话，就是这个意思。

我有一个朋友春娇，某天在与我吃饭的时候一直闷闷不乐，问她是怎么回事，她说在生宝贝女儿艾艾的气。午饭前，她看到自己女儿最近学习挺辛苦的，就想跟孩子聊一聊，问问她最近都在忙些什么。谁知道艾艾一开始还会搭腔，后来被问得烦了，直接冲她发脾气："你又不是警察，问那么多干什么！"

春娇也很生气："我这是关心你，把你养这么大，你这什么态度？"

艾艾撇撇嘴说："你自己不是都这么跟我爸说话吗？我这么说怎么啦？"

春娇火气更旺："我能这么跟你爸说话，你就是不能这么跟妈妈说话！"

艾艾不服气："跟人说话还有两个标准啊，这是什么规矩啊？"这下，春娇可真的气着了，连饭都没吃就回自己屋里了。

她心里越想越不是滋味："女儿小小年纪就敢这么跟我说话，我整天忙来忙去的还不是为了她？跟她爸爸大声说话也是心里委屈，这个不知好歹的孩子，亏我这么疼她！"

春娇跟我说着说着就掉下眼泪。等冷静下来，春娇认真思索了艾艾的话，想着是不是自己平常逞强跋扈的样子影响到了女儿。她一边觉得孩子伤了自己的心，一边又对自己平日里的言行感到后悔。

后来，我找了一个机会问艾艾这件事，艾艾还觉得很奇怪，说："妈妈也真是的，我就说了她两句她就这么生气。她平常不都这么跟别人说话的么？妈妈对爸爸总是没有好脸色，一点小事就发脾气。"

为人父母要知道，孩子的言行就是你的一面镜子，因为你是孩子的榜样，孩子无时无刻不在关注着你的一举一动。对自己和对孩子，使用双重标准，是养不好孩子的。

我小时候就发生过一件事情，有一天吃饭的时候，我妈妈突然对我说，"你眼睛不舒服吗？"我回答没有，她就教训我说，"那你不要总是挤眉弄眼的好不好？"

我当时就反驳她说，"你为什么不以身作则呢？"——我挤眼睛这个毛病就是从她身上学来的。妈妈当时就发怒了，大吼说："大人怎么样你就可以怎么样吗？你是小孩子！"

因为那天我妈妈发了很大的火，所以这件事在我记忆中印象深刻。

在教育孩子方面，"以身作则"是老生常谈的话题了，但还是有很多家长做不到。在孩子的心理成长阶段，模仿是一个最基本的成长方式。这就要求做父母的尤其要树立好榜样，给孩子一个正确的导向。自己都做不好，却要求孩子做对，这是一种十分不合理的现象。按道理来说，若知道自己的某种做法会给孩子造成不好的影响，你就不应该去做。既然做了，就不应该怕孩子学。但有些家长的态度却是：我可以，你不可以。

外国有句谚语："人看不见自己的缺点，就跟看不见自己的鼻子一样。"这不仅仅是认知水平的问题，还是习惯问题。人们总是对自己的缺点视而不见，而对别人的缺点敏感有加。这也是人性的弱点之一。的确，教育别人比教育自己容易。因此，我们经常见到家长睁着自己一双警觉的眼睛，用放大镜，甚至是显微镜来找寻自家孩子身上的缺点，却对自己的毛病毫无察觉。

有些家长会强词夺理："我知道我有缺点，但就是因为这样，我才要让孩子别犯我的缺点，不然他怎么会比我强呢？"这听起来似乎挺合理的。比如：我是一个爱骂人的，我知道这样不好，但又改不了，于是就严令禁止孩子骂人。或许这样会有一定效果，但最后却会适得其反。

这种"我有缺点，你不准学"的教育模式，即便取得某种程度的成功，也要付出重大的代价。这会降低你在孩子心中的威信，也会丧失家长的好榜样作用。做家长的，在孩子心里失去分量，还谈什么家庭教育？你要让孩子学好的，固然是隐藏着你也想改造自己的美好想法。但这种方式无疑是一种逃避，是对自身责任的推卸。

作为父母，要想给自己的孩子做出好榜样，三件事是缺一不可的：

第一件事就是要经常审视自己的行为。多站在第三者的立场，观察自己的行为，发现自己的缺点，尽最大可能改正自己的缺点。这不是让你要一刻不停地自我检查，也不是让你成为没有缺点的圣人。若有缺点，坦诚地对孩子说明，让孩子知道父母也是不完美的。这不是丢人的事情，因为，孩子永远以父母为第一任老师，别让你的言行不一影响到孩子。

第二件事就是以同等标准对待孩子和自己。父母要客观地对待自己，尽可能地提高自己，完善自己。别把挑剔的眼光放在孩子身上，抱怨孩子的不争气。若你热爱生活，能给孩子提供的也是源源不断的能量和动力。反之，若你自己身上都没有这种上进的正能量，却要求孩子做这个、做那个，和这个学、与那个比，孩子心里自然就会产生"凭什么你能这样，我就不能呢？"的想法。就如艾艾一样，她心里会想："妈妈自己都这样，轮到我怎么就不行了？"

第三件事相当重要，那就是经常与孩子谈心。孩子的心是很敏感的，他们有着自己的世界观和审美观，或许可能不成熟，但不论如何都是他们的想法，他们在用自己的视觉、触觉、嗅觉和听觉来感知这个世界，审视自己身边的每一个人，尤其是与自己最亲近的父母。很多父母自认为很爱孩子，却很少与孩子谈心，以至于根本不清楚自己在孩子心里到底是怎样的一个形象。想想看，与孩子缺乏交流的教育方式是不是相当于父母在自说自话呢？

9. 为什么网瘾会找上你的孩子？

网络是一种十分便利的交流媒介，也是时代发展的产物，是现代化社会每个人不可或缺的信息工具。在家庭教育中，你也要适时地提升自己，让自己具备更多的网络知识。一个知识落伍的家长是很难在孩子的心目中树立起权威的。你可以不利用网络，但是有必要对网络文化有一定的了解，这样才能跟孩子有共同语言，才能更好地理解孩子，帮助孩子走出不良网瘾的漩涡。

我有一个"问题学生"小亚，年纪虽然不大，却是一个已经有 3 年网龄的"小网民"了。小亚接触网络的时候只有 7 岁，一接触，他就与网络一见钟情，被网络那神秘而博大的世界迷住了。小亚的父母见自家的孩子那么喜欢上网，就在他的房间给他安了一台电脑。刚刚开始的时候，小亚只会用电脑来玩一些小游戏。每天下午放学，在爸妈没回来之前先坐在电脑前玩一会。等爸爸妈妈一回来，就赶紧关电脑，开始写作业。之后，小亚认的字多了起来，就开始到各个网站浏览，还用缓慢的打字速度和各种各样的陌生人聊天。

从此，小亚就再也没有心思学习了，而是忙着在网上交朋友。时间一长，小亚上课的时候也经常无精打采，注意力无法集中，成绩自然下降了。老师发现了这种情况，反映给了小亚的爸妈。小亚的爸妈开始严禁小亚上网。但是小亚一旦离开了网络就变得什么都做不下去。即便是坐在书桌前学习，精神也很恍惚，眼前的书本一个字他也看不进去。

近些年，越来越多的爸爸妈妈来向我控诉"网络害了我的孩子"，青少年的网瘾问题一直是我们咨询师的焦点和重点。在进入正题之前，我们不妨先了解一下国内和国外的青少年网络环境。

在国外，不论是发达国家还是发展中国家，都很少有像中国这么繁荣的网吧行业。国外有网瘾的人群主要集中在10~30岁，而中国有网瘾的人群却集中在15~20岁。国外网络成瘾的内容并不集中，各个方面都有涉及，而中国有80%~90%的网瘾人群集中在网络游戏。国外很少见到因为网络成瘾而出现的极端的社会事件，而国内因为网瘾出现的极端例子却并不少见。

这种国内外网瘾现象的对比提醒我们，想要改变孩子的网瘾，不得不先思考的一个问题是：为什么网瘾会找上你的孩子？

心理学上认为，伙伴的缺失——也可以称之为社会发展品格的缺失，才是网瘾问题的源头。据调查表明，现代孩子的抑郁感和孤独感，与网络的重度使用有很大的关系。经常玩暴力网络游戏的孩子可能比较有攻击性，对苦难的感知程度也会比较低。经常使用网络与陌生人聊天的孩子很难将现实世界与虚拟的世界区别开来。而这一切的混乱性和复杂性，对于涉世未深的孩子的影响都是可以预见的。也正是因为如此，"小网民"才格外需要父母的关注。

人是社会性动物，同样需要有社会化的生活来排解孤独。对孩子来说，摆脱孤独的方式无非就两种：一种是跟伙伴玩耍。然而在现今的生活条件之下，这样的机会日益减少。还有一种就是在网络上寻求社会和同伴的存在。网络最吸引孩子的地方在于，他们所需要的社会化人格，可以从其中获取，这也是孩子作为一个成长中的人的精神价值目标。这种精神营养原本应该由学校教育来提供，却因为现今以升学为主导的应试教育体系而丧失。于是，孩子内心中某部分被压抑住的人性，就不得不寻找另外的出口。这个管道就是网络。可以这么说，是我们社会给孩子提供的社会化机会过少，才让网络乘虚而入，成为孩子精神成长的代替品。

然而，在网络上寻求社会人格的发展只会是暂时的，也是不真实的。从长远来看，长期沉迷于网络的孩子所付出的代价就是在最灿烂的黄金时间，心灵出现一个空白期。像这样被网络喂养长大的孩子，在不得不去面对现实社会的时候，需要从头开始摸索，完成社会化。从这个角度上来说，孩子的网瘾与成年人还有所区别。成年人沉浸在网络中的时候，会不断地有工作压力、家庭责任等等将我们拉回现实，网络很难真正成为我们生命中不可分割的骨血。但是对孩子来说，它却是摆脱孤独的药品，是服久了会上瘾的药品。

很多来访的父母，很喜欢用消极的方式来告诉孩子——我禁止你上网，却很少用积极的方式——有其他的事比网络更能填补你心灵的空白。针对网瘾，或许你也是采取堵死、管死的方法，却没有解决根本的问题——在禁止孩子接触网络之后，他又该从何处获得心灵补品？只要孩子的存在感没有得到肯定，孤独感没有找到出口，网络对于孩子的诱惑力就是永远存在的。真正想要一劳永逸，其实背后的理念很简单：就是让孩子不会感觉到孤独。

让孩子不孤独的方式只有一个，就是及时与孩子沟通。据调查，中国有6成的父母"无法理解孩子"。调查的父母当中，只有3成左右表示"我和孩子沟通得很好"，孩子遇到难题的时候求助于父母的比例也比较高。因此，要解决孩子的网瘾问题，父母最需要做的就是及时了解孩子的真实想法，及时与孩子沟通，让孩子不感到孤独。

我们还要注意平时和孩子沟通的方式，尽量采取平等的态度，尊重孩子的意愿和想法。如果总是用高人一等的强势态度，很容易让孩子宁可沉溺于网络中的虚拟交流，也不愿与我们分享成长中的快乐和烦恼。

10．有的孩子为什么"说不得"？

如果有条件的话，让孩子经常接触一些比他更优秀的人，让他知道人外有人天外有天。这样一来，不用你跟他说，他就会承认自己身上存在着不足的地方，对自己"其实没有那么优秀"的事实心服口服。若你仅仅只是教他在口头上保持谦虚，甚至是说一些贬低自己的话，这样对孩子健康性格的形成是十分不利的。

娜娜是个聪明又能干的孩子，在我的亲子关系班里她担任着班长的职务，很多老师和同学都很喜欢她，她也是爸爸妈妈的骄傲。但是最近娜娜的妈妈却跟我说，她发现了娜娜的一个问题：孩子可能是听多了别人对她的表扬，开始自以为是，听不得别人讲她一点不好。

某天晚上，妈妈照例检查娜娜的作业，发现娜娜的学习有些退步，有些很简单的问题都做错了。妈妈拿着作业本对娜娜说："宝贝，你看这些问题都很简单，不应该错的怎么也做错了呢？是不是你做作业的时候不专心了？"

娜娜立刻板起了小脸："妈妈，我们班有哪个同学是不犯错的呢？我犯的错算少的了，你还不满意啊！"妈妈有点伤心，孩子大了，也有自尊心了，可能讲话得斟酌字句了。

第二天晚上，妈妈检查娜娜作业的时候，又发现了几处不该出现的错误。妈妈实在忍不住了，对娜娜说："宝贝，你看，这个问题我昨天给你指出来了，怎么又错了呢？是不是有点马虎啊？"

娜娜一脸不耐烦地对妈妈说："你还有完没完，别整天就盯着我的缺点和问题好不好！"妈妈刚刚张嘴准备严厉批评孩子两句，但想想还是算了，可能孩子这两天心情不好。

谁知，娜娜日后反复出现这个情况，就是听不得别人说她一点不好。只要是批评的话一句都不想听，要么就是表现出一副很不耐烦的样子。她的妈妈无奈之下，只能求助于我，让我和娜娜好好谈谈。

孩子听不得别人对他的批评，原因通常有两种：一种是经常被批评，听多了就造成逆反的心理，用拒绝批评的方式来保护自己。还有一种就是经常被表扬，造成了习惯性自我肯定，再也无法听进去批评。这两种类型的孩子都在某种程度上失去了自我。娜娜就属于后者。

在我跟娜娜谈心的过程中，娜娜对我说："我从小就很聪明，别的小孩还不会说话，我就已经能认得字了。很早我就开始背诗唱歌，在学校老师也没少让同学们跟我学习。哪次班里的活动少得了我去拿奖呢？我妈妈也真是的，总是挑我的毛病，就是看我不顺眼，烦死了。谁不会犯错啊，我这点小错值得她大惊小怪吗？"

或许我们会觉得娜娜这样的孩子是过度自负、太有自尊心，其实这是一种认知上的误区。事实上，不允许别人批评自己的孩子日益膨胀的并非自尊心，而是虚荣心。而且他们的自信心也不是提高了，相反是降低了。想想我们自己，害怕别人的批评，不就是缺乏自信的表现吗？时间一长，这种听不得别人批评的孩子，问题就会越来越严重。

从某种意义上来说，平常有些小缺点的孩子比出众的孩子更容易教育，因为他们对自己没有超现实的期望值。而那些一直很优秀，所谓的优等生，因为只想要听别人的表扬，往往会出现脱离实际想法的自我期待。他们不太容易承认真实的有缺点的自己，也不太能承担生活中的挫折。长期生活在云端的人，一旦跌落到地面，要爬起来也是比较困难的。这样的孩子一旦遭遇到失败，变得怨天尤人的概率就会增加很多。那么，如果你家里也有听不得一点批评的孩子，又该如何做呢？

首先，千万不要以极端的方式，去过分批评或者赞扬孩子。父母要保持一颗理智冷静的心，实事求是地看待自己孩子的优点和缺点。你要清醒地认识到，孩子在长期的表扬之下，会产生骄傲自满的情绪是难免的，但隐藏在骄傲之下的真实心理是自卑，所以你没有必要再去泼孩子的冷水。克服孩子的这种心理不是一朝一夕的事情，因为孩子的这种表面上自我感觉良好也不是一日两日形成的，而是在父母和其他人的长期影响中造成的。一旦孩子身上出现了问题，就单方面地指责孩子的不是，觉得这是孩子性格上的缺点，这对孩子来说是非常不公平的。

其次，对待这样的孩子不要经常表扬，也不要轻易批评，要以从容不迫的态度去教育他，潜移默化地影响他。家长可以跟学校的老师沟通一下，只有在真正值得表扬孩子的时候再提出表扬，对于一些无关紧要的小事不要总把称赞的话挂在嘴边。当孩子在你面前表现得很狂妄的时候，也不要当众奚落孩子，让孩子下不了台。当孩子因为失败而沮丧的时候，父母要适时地鼓励孩子。但前提是让孩子承认自己失败的现实，不要以安慰的形式来掩饰孩子失败的事实。

11. 折断了孩子的翅膀，却又让他飞翔

心理研究人员认为：成功与个人梦想的大小有密切的关系，也与我们是否坚信可以实现梦想的信念强弱相关。因此，想让你的孩子脱颖而出，就需要有目标、有梦想。在实现梦想的过程中，可能会有挫折，会有困难，这都是孩子必须经历的过程。这时，你一定要鼓励孩子坚持到底，不要轻言放弃。要让孩子明白：成功与失败，只有一步之遥。

先来给大家说一个调查：

有一群从哈佛大学毕业的天之骄子，他们意气风发，在学历、家境和智力方面都卓越无比。在要跨出校门之前，哈佛对这些人进行了一次关于人生目标的调查。调查结果显示：在他们之中，有近 3 成的人没有目标，6 成比例的人目标很模糊，只有 1 成的人，有比较清楚的短期目标，而具备清晰而长期目标的人，仅仅占总数的 3%。

25 年之后，哈佛大学对这群毕业生进行了跟踪调查。结果表明，

一个人的目标在人生中占有重要位置：就是这3%的人，在25年之中朝着自己的目标，认定一个方向不断前进，在各行各业中成为顶尖人士；而占了1成的，有短期目标的人，他们也在不断地实现自己一个又一个的短期目标，成为各个领域中的专业人士，多数人的生活水平都可以归属于社会中上层；人数最多的，在毕业的时候目标模糊的6成人，他们平稳地工作和生活，没有温饱问题，但也没有做出什么特别的成绩，几乎处于社会的中下层；而剩下的3成没有目标的人，尽管是高等学府出身，但过得并不如意，并且还在时常抱怨社会，抱怨这个"不能给自己机会"的"不公平"的世界。

不用我详细解释，大家应该都能看出来一些门道：一个人的成功，是需要有明确目标的。哈佛的毕业生，具备过人的才能，才能顺利毕业。即便是这样的人，在缺乏目标的情况下，都会和成功的机会失之交臂，更何况是普通人。

以一个简单的数学例子来说明：两点之间，直线最短。如果你的孩子跟别人的孩子以相同的速度前进，别人的孩子看到明确的目标，就能朝着那个目标直线往前；而你的孩子没有目标，就犹如在黑暗中摸索一样，绕行前行，这速度可不就得慢下来了么。

有些家长可能迫不及待地举手示意：喂，目标从哪里来？这不是给孩子安排人生么？非也非也。目标，来自孩子的想象。想象力是一个人获得成功的动力，它偷偷藏在每个人的身体内，对孩子来说是不可限量的"潜力源"。我见过很多望子成龙、望女成凤的父母，这也是想象，但这是父母对孩子未来的想象。当然，这种想象不能说有错，如果可以摒弃父母强加于孩子的"成分"，这种想象的积极作用，会给孩子提供一个成长的目标。

我要说的是，想象是对未来的"首要发现"，它能让孩子看见美妙的事物，对呈现在远处的美景憧憬有加，激励孩子不断前进。

但是，有很多爸爸妈妈，认为孩子年纪还小，不可能为自己做好人生规划，孩子的生活应该由父母来导航掌舵，所以硬生生地扼杀了孩子的目标。这相当于什么呢，相当于你亲手剪短了孩子的翅膀，却又要求他去飞翔。

我们大多数人都不是天才，阻碍我们成功的因素有很多，在孩子身上也是这样，因此帮助孩子确定一个适合的目标是十分关键的。但是，我说的帮助孩子确立目标，不是让你去"包办"孩子的人生，而是让孩子在充分认识自己的基础上，发现自己的特殊才能或者某种爱好，哪怕它在你眼中看起来"很不起眼"。你应该了解，不一定要让孩子树立科学家、物理学家之类的远大目标才有意义。才能没有高低贵贱之分，不论孩子的兴趣和才能在哪里，这都不是问题，问题是要适合孩子，让孩子喜欢。你要让孩子当自己人生的"司机"，让他自己决定下一站要停靠在哪个地方。

那么，在孩子"开车"的过程中，你可以给孩子提供什么帮助呢？

都说兴趣是最好的老师，作为父母，你要引导孩子将兴趣和学习结合起来。孩子对于自己感兴趣的东西，常常会在上面花上很多时间而不自知。你要做的，就是观察孩子的行为，关注孩子喜欢的事物，引导孩子将自己感兴趣的东西作为目标。比如，你家的孩子，生来就喜欢唱歌跳舞，你可以鼓励孩子朝表演家的方向努力。再巧妙地让孩子在追求目标的过程中学习，促成他的改变；再比如，有些男孩喜欢玩电脑，这时候你就可以让他在"探索"电脑的过程中学习英语，并且告知孩子，只有学好英文，才可以把电脑玩得"酷酷无比"。

"三百六十行，行行出状元"。这状元，是说人在每个行业都能找到自己的位置，而不是真的要达到状元的顶端。所以别让孩子将自己的目标定得太高。把目标定得太高，反而不好实现，这不是跟没目标一样嘛。孩子"看得着摸不着"，可不得郁闷受打击吗？

对孩子来说，他们对很多东西有兴趣，但往往缺乏耐性。一个需要10年、8年才能完成的目标，很容易让他们觉得"唉，好远哟"。他们只有在生活经历的累积之下，才会真正达到自己的位置。因此，别让孩子的目标定得太远。或许在实现近期目标的过程中，孩子自己会发现值得他追求一生的目标。

我们都知道，目标的实现要以计划为前提。父母能够为孩子做的，就是引导孩子根据自己的情况，尝试着做一份实现目标的计划，每天花一定的时间，来为实现目标做准备。在孩子制定完目标之后，鼓励他大胆地说出自己的目标。这种做法可以帮助孩子确立决心，避免半途而废。

12. 恐学未必是恐惧学习本身

"恐学症"是一种需要家长重视的儿童心理障碍。如果不及时纠正，会影响到孩子的学习和身心。某些无法被理解，内心痛苦的孩子甚至会采取某些过激的行为来逃避现实。对于此类有"恐学症"的孩子，不要给予他们过多的心理压力，要让孩子了解学生的任务就是学习知识，有不足的地方是正常的，同时请心理医生进行辅助咨询和治疗。

我的工作室里曾经来过一对父子访客，儿子浩然学习成绩优秀。出于对他的看重，老师对浩然的要求也比较高，浩然也就因此更加努力，不容许自己出一丁点的差错。要上学之前，他总是一遍又一遍地检查自己的书包和作业……慢慢地，浩然父母发现儿子得了一种"怪病"，每天早上出门前总上厕所，磨磨蹭蹭的就是不想出门。但去医院检查却没发现浩然有任何肠胃方面的疾病。有时候临到考试，浩然就会产生"末日来临"的感觉，一到考场，又坐立不安地想上厕所。奇怪的是，只要一离开学校，浩然的这些问题就消失不见了，前后判若两人。

"医生也看了，查也查了，可一点用都没有，才想到要给他做心理咨询。"孩子爸爸这么说："浩然就是不想去学校，找各种理由，我和他妈妈怎么劝说都没用……"

像浩然这样的孩子，其实是患上了一种名为"上学恐惧症"的心理疾病。在开学前后，我接到的求助电话中，最多的就是"开学恐惧症"的学生。这种现象多集中在性格内向的学生，并且女生的比例明显高于男生。孩子到底为什么如此恐惧学校？

孩子不愿意上学的原因首先是心理压力比较大，表现为在学习方面的压力，或者在人际交往上的压力。有些孩子为了可以不用去学校，假装不舒服，不是头疼就是肚子疼；有一些孩子有比较严重的自卑心理，不愿意跟同学交往；有一些学习成绩比较差的孩子，担心去学校之后总是要面对老师和同学"鄙视"的眼光；还有一些孩子则是有着较强的逆反心理，因为缺乏和老师之间的沟通而讨厌或恐惧上学。

根据著名心理学家埃里克森对个体心理发展的划分，6~12岁这个年龄段，是一个获得勤奋感而避免自卑感的时期。小学生正属于这个时期，他们的社会任务就是学习。而小学生的挫折大多来自于学习，他们害怕学习成绩不好。如果孩子在学习中不断取得成绩，在其他活动中也经常受到承认和奖励，就会变得越来越勤奋。

孩子不愿意去上学，父母也要从自己身上找找原因。有些时候你的某些想法和做法，会在无形中给孩子带来影响，比如，有些父母给孩子很大的学习压力，孩子没有自由支配自己的时间，除了在学校学习，就是在家里学习，因此去学校对他们来说并不是一件高兴的事，越来越恐惧去学校，逐渐产生厌学或者恐学情绪。

也有的是父母太过溺爱孩子，让孩子对父母产生严重的依赖情绪，一分钟都不想离开父母的身边。要去学校，面对的是不会事事迁就自己的老师和同学，孩子当然不愿意去了。此类的原因有很多，值得一提的是，你一定要谨慎对待自己在孩子面前的一言一行，避免因为你的原因而让孩子产生恐学心理。

"上学恐惧症"是一种很常见的心理现象。孩子毕竟年纪小，容易出现一些情绪上的障碍，但是因为自身没有足够的能力来调整心理问题，因此家长必须要对孩子有足够的关心和帮助。对父母来说，应该及时与孩子进行沟通，一步一步地引导孩子正确地对待学校生活。

给孩子制定一张与学校生活同步的"时间表"，让孩子调整好自己的时差，杜绝因为睡懒觉而导致的厌学症。

不管孩子是要上幼儿园，小学，还是初中，在上学之前，你都要给孩子做好上学的心理准备。比如，可以带孩子参观一下即将入学的学校，带孩子买学习用品，让孩子知道大概的学习内容等等。特别是年幼的孩子，在入学之前一定要让他做好充分的准备。

可以将孩子即将上学的事当成家里的重大事件来看，与孩子一起憧憬上学的快乐，带孩子去看看学校里其他小朋友开心上课和活动的模样。还可以让孩子与已经上学的孩子交朋友，让对方告诉孩子学校里有什么好玩的事情等等。这样，孩子就会对学校产生好的印象，以至于在入学之后，不至于感觉到恐惧。

对于严重恐惧上学的孩子，可以带其去求助心理医生，咨询相关事宜，尽早给孩子心理辅导，让孩子的紧张情绪和恐惧心理得到及时的舒缓，保证孩子身心的健康发展。

孩子恐学，厌学，不管是由什么引起的，父母都不要轻易埋怨和责备孩子，更不要采取打骂和惩罚的手段。只有做好孩子的心理工作，合理地引导孩子，才能真正地帮助孩子脱离"恐学症"。

Part 2

父母好好学习，孩子天天向上

家庭生活与学校生活有很大的不同，入学是孩子成长过程中一个重要的转折点。上学前，孩子的接触面比较狭窄，在家庭生活中享受着父母的关爱，上学后，生活环境发生了很大的改变，孩子不得不一个人处理各种问题，人际关系也发生了很大的改变。

面对生活环境的变化，孩子的成长心理也不可避免地会产生变化。从儿童心理的角度看，孩子的心理会随着环境的变化而发生改变。所以家长和老师要着重注意这个时期的孩子的心理发展。

学龄前的孩子，其心理还处于一个过渡期：一方面学龄前的心理特点还有保留，另一方面，环境的变化让他们的思维方式以及性格各方面都发生了改变。在这个过渡期，如果家长和老师不注意合理地引导，很容易造成孩子的心理问题。

因此，家长和老师要从儿童心理学发展的特点出发，充分了解孩子心理发展的变化，根据孩子的不同特点予以适当的引导，以促进孩子身心的健康成长。

1. "我不是完美小孩，你们也不是完美的父母"

专家介绍，一个心理健康的孩子至少应该具备以下五个方面的特点：一、有正常的智力，有求知欲；二、能逐渐学会调控自己的情绪，保持乐观向上的心境；三、能学会与周围人正常的交往，懂得分享与合作、尊重别人、乐于助人；四、能自我接纳，有自制力，能积极面对生活中遇到的问题、苦难、适应环境；五、具有较好的行为习惯和健全的人格。

允允的周末比平常还忙：上钢琴班、英语班、跆拳道班……允允的爸爸每件事都要求他做到最好。学业上要求允允成绩优异，得第一名；生活上要求允允循规蹈矩，如棉被要叠得整齐、坐姿要端正、写字要工整……允允的爸爸希望自己的儿子是个360度的完美小孩，不允许他有一点瑕疵。但事与愿违，他越是要求允允完美，允允出现的问题就越多，不是做数学题时马虎，就是上课出神，甚至还瞒着爸爸偷偷翘课……

"我知道我不是一个完美的小孩，但你们从来也不是完美的父母，所以我们必须互相容忍，辛苦且坚强地活下去。"这句话出自几米的漫画《我的错都是大人的错》。

很多做父母的人都抱怨自己的小孩有这样那样的问题，却没有想过孩子的这些问题是哪里来的，坏习惯是怎样养成的。

孩子是一面镜子，孩子的问题或者坏习惯，都是父母教育方式的真实展现。

生活中像允允的爸爸一样的父母有很多，他们努力地给孩子最好的教育条件，希望把孩子打磨成一块完美无瑕的美玉。殊不知，孩子成长的过程就是一个学习的过程，有些瑕疵和错误是很正常的，这也正是孩子的可爱之处。在父母完美主义要求下成长的孩子，往往做事认真，成绩优异，是父母的骄傲，但是进入青春期后，长期形成的完美习惯就会变本加厉，导致强迫症。

在我接触过的孩子中，就有很多这样的例子，有的孩子做作业稍有涂改，就全部撕掉重写；有的孩子做题速度越来越慢，一遍又一遍地反复检查，甚至考试时做不完题目……

可见，过于追求完美的父母，会给孩子带来巨大的心理压力。

有句成语叫"瑕不掩瑜"，意思说只要是美玉，有些瑕疵也不妨碍它的美丽。要求孩子各方面都做到完美，对父母和孩子双方来说都是一件很痛苦的事。

丘吉尔有一句名言："完美主义等于瘫痪，苛求完美只能造成残缺。"为了孩子身心健康快乐成长，父母们不必苛求完美。我们应该教会孩子懂得：人生宛若一支球队，最优秀的球队也会丢分，最差劲的球队也有过辉煌的时刻，我们追求的目的，就是尽可能让自己得到的多于失去的。

教育家苏霍姆斯基在《家长教育学》中提出：所有的人在拿结婚证书前必须学习家长教育学，否则不发结婚证书。没有接受过系统教育科学训练的父母，正如一个没有领到驾驶执照的司机一样，如果匆匆上路，必定会产生不良的后果。因此，一个健全、完善的社会应该通过各式各样的方法让家长去获得必要的教育科学知识。

现在很多学校设立了"家长学校"，但对家长来讲，在孩子入学后接受这种教育实际上已经晚了。因为父母在孩子一出生就已经开始从事家庭教育。如果爸爸妈妈们从孩子出生时就已经懂得教育理论，有教育的理性和自觉，就会对孩子的教育应对自如，获得良好的效果。

如果父母仅靠自己摸索、尝试，等到掌握家庭教育的特点与规律，意识到要科学教育孩子的时候，孩子已经长大了。印度圣雄甘地是一个伟大的人物，但是却不是一个好父亲。他在很年轻的时候就有了一个孩子，在儿子童年，他忙于自己的事业，等意识到要好好教育儿子的时候，儿子已经长大并彻底学坏，为此他终生悔恨。

所以说，父母主动及早地掌握全面系统的家庭教育理论，培养自己的素养是十分重要的。一味地抱怨孩子不够完美、问题多多，做父母这门职业注定要以失败告终。

2. 家长失信，多是因为孩子的学习而起

中国有句古语，"君子一言，驷马难追"。在家庭中，父母对子女一定要做到一言九鼎，言而有信。中国古代广为流传的"曾子杀猪"的故事告诉父母们，一诺千金不仅仅是简单地兑现某个行为，更重要的是培养孩子遵守诺言的信用意义。这是一个非常重要的品格，可以说是无价之宝。

4年级学生阿峰的爸爸来找我，与我探讨孩子写作业拖延的毛病。每天放学回家，阿峰一放下书包就开始写作业，看起来写得非常认真，但是让他爸爸感到不解的是，明明作业不多也不难，却几个小时都写不完，常常忙到深夜。阿峰爸爸的叙述让我也感到很迷惑，我建议他把孩子带来与我交流一下，看看问题到底出在哪里。

通过与阿峰聊天，我发现问题还是出在大人身上，最初孩子写作业并不慢，父母也同意他写完作业可以看一会电视或打游戏，但是当阿峰

高兴地说："耶！写完作业可以玩啦！"

爸爸却说："这么快就写完了，太好了，我再给你出几道题。"

这样鞭打快牛，孩子就明白了：早写完了没用，写得越慢就越好。于是，阿峰就养成了写作业拖延的坏习惯。

卢梭说过一句话：为人师长、父母者，只要有一次向孩子说谎穿帮，就有可能使全部教育成果毁于一旦。

确实，当家长失信于孩子的时候，其后果是难以估量的。

美国著名心理学家吉诺特总结了教育孩子的十大禁忌，"家长失信"即赫然在列。

教育孩子的时候，父母为了给孩子设置一个奋斗的目标，会向孩子承诺，如果达到目标之后，将给予某种奖励。然而，对父母来说，这种承诺往往是漫不经心的口头承诺，而孩子们却往往以最认真的态度来对待。当他们达到了目标之后，家长却言而无信，最直接的后果就是孩子的积极性因此而受到挫伤。

曾经有青少年研究中心做过一个针对中小学生学习和生活现状与期望的调查。调查结果显示，43.8%的小学生和43.6%的中学生，最渴望得到父母的信任，最不满父母说话不算数。这说明中小学生对父母缺乏诚信的行为非常反感。

家庭教育最重要的特点之二，就是言传身教。父母的一言一行、一举一动，为人行事的方式、方法，无不被孩子看在眼里，记在心里，这种榜样的力量对孩子的影响是极其巨大的。我们很难想象，当父母屡屡言而无信的时候，孩子的心理将会朝着怎样的方向发展。

在中华民族的传统教育思想中，也同样蕴含着诚信家教的思想。

孔子门下有一名弟子叫曾子。根据历史典籍的记载，一次，曾子的妻子出门，她的儿子闹着要跟随，曾子的妻子就哄他说："你在家等着，回来母亲杀猪给你吃。"

母亲本是随口一说，孩子却信以为真。当曾子的妻子回到家中时，发现曾子磨刀霍霍，正准备杀猪，就连忙劝阻说："我说杀猪是哄孩子的。"曾子说："小孩子判断与思考能力，一切都要向父母亲学习，听从父母给予的正确教导，假如现在欺骗他，就是教孩子骗人，父母欺骗孩子，孩子就不会再相信父母。"

这个小故事，正是著名的"曾子杀猪"典故，其之所以能够流传至今，就在于在我们的传统教育思想中，存在着对诚信教育的深刻认识。

如此看来，家长做好"示范"作用其实是挺难的。有些家长会觉得孩子还小，就经常向孩子开"空头支票"，认为孩子很快就会忘记，殊不知，这无形中已在孩子心目中形成了"爸妈说话不算数"的印象。一旦形成，他就有可能效仿父母，随意承诺，失信于人。

所以说，当孩子提出的要求令自己感到为难时，不可轻易答应，家长要有自己的原则和底线，即要把握一个度，随口答应的缓兵之计万万使不得。

话又说回来，孩子总是会对父母有所要求，父母也免不了对孩子有所许诺。适当许诺是必要的，但是很多家长望子成龙心切，只要孩子学习成绩好，就无限制地满足其要求，这样的教育方法虽然在短期内有作用，但对孩子的长远发展会造成很大弊端。因此，家长在选择激励方式的时候，不妨多给孩子一些精神鼓励。

3. 忽视孩子优点的父母该"培训"了

理想的父母，应该把孩子的人格健全、心理健康放在首位。世界卫生组织对健康所下的定义是："不仅是没有疾病和病痛，而且是个体在身体上、精神上、社会上的完满状态。"由此可见，身体健康和心理健康同等重要，心理健康是健康的一半。现在人们生活相对富足，让孩子身体健康已不是一件太难的事，倒是儿童的心理健康更应该引起父母的重视。

五年级的阿宏放学后，气呼呼地来到外婆家，说："今天我不回家了！"外婆问："为什么？"他说："爸爸不喜欢我，妈妈也不喜欢我，我不回去了！"外婆对阿宏的妈妈说，"孩子需要表扬。"

阿宏妈妈不以为然："这孩子有什么可表扬的？优点很少，缺点一堆！"话虽是这么说，回到家里，换一种眼光看孩子，妈妈觉得阿宏也并非一无是处。虽然他成绩不太好，但是独立能力很强，每天都把自己的书本、文具、衣物收拾得整整齐齐，把自己的事情安排得妥妥当当。

能够发现孩子的优点并且及时指出来，是好父母的基本功。能发现孩子 6~10 个优点的父母，是优秀的父母；能发现孩子 1~5 个优点的父母，可以说是合格的父母；如果父母连孩子的一个优点都没发现，就该"培训"了。

孩子年纪还小，不能对自己有相对客观的评价，需要透过成年人的肯定来认识自己。他们需要父母的欣赏和表扬，就像花儿需要阳光一样。

可是，在教育孩子的过程中，很多家长都十分吝啬自己的表扬和鼓励，他们不明白自己的表扬和鼓励会对孩子有多大的激励作用。其实，每一个孩子都是非常在意大人的表扬的。

任何一个人（哪怕是成年人），渴望被肯定的心理需要，大大超过被别人否定的心理需要，这就是为什么父母对孩子要坚持表扬为主、激励为主的原因。

对孩子来说，父母的一个肯定的微笑、一个赞许的眼神都会激起他们非常强烈的情感，给予他们很大的希望。当孩子遇到挫折，对自己失望时，父母的鼓励尤其重要，一句"你可以的"会让孩子重新振作起来。只有充满自信的孩子，才能在生活中不畏挫折和压力。

教育专家不断地提醒我们，孩子是在周围环境的肯定或者否定评价中，认识自己、寻找方向的，父母和老师对他们的评价非常重要。肯定性评价会使孩子获得愉快的心理体验，产生更加努力的激励作用；而否定性评价会使孩子心中不悦，一方面可能反思问题，努力改正，另一方面也可能减弱自信，产生自卑心理。这就看教育者如何使用肯定和否定评价了。

教育专家做过一个调查，发现了一个奇怪的现象：从小学一年级一直到初中，随着年级升高，孩子听到的表扬逐渐减少，有的孩子到初中几乎与表扬"绝缘"了。而批评的情况恰恰相反，随着年级的升高，年龄的增长，由少到多，批评就越来越厉害，有的孩子甚至经常受到"狂轰滥炸"式的批评。

分析其中原因，大概有三点：其一，孩子学习难度增大了，一些孩子的成绩不如低年级时好，而家长的眼睛是时刻盯着分数的，自然会批评孩子成绩不佳；第二，离小学毕业越来越近，家长脑子里已经开始"倒计时"，设想着孩子进入初中会是什么情况。家长自身的压力增加了，对孩子就更加"恨铁不成钢"，批评得越是厉害；第三，孩子自我意识发展快，眼界打开，知识增加，许多事情开始有自己的想法，想自己做主。于是就不像小时候那么听话了，家长想保持权威，当然对孩子更严格，"批"字当头。

说了这么多，在生活中，爸爸妈妈到底应该怎样表扬孩子才算正确呢？

首先，要用全面的眼光看待孩子，就像阿宏的妈妈一样，不能只是盯着学业成绩一个方面。孩子的性格、生活习惯、劳动表现、交际能力等等，都是评价孩子的因素。家长的视野宽了，就不难找到值得表扬的地方。

第二，用发现的眼光看待孩子。只要大人有心，就会发现孩子有进步。可能分析问题的能力增强，可能某些知识有了增加，可能一次考试进步了，可能在文艺、体育方面获得了好成绩……关键是要拿孩子的现在比过去，今天比昨天，哪怕发现一点小进步，也应及时肯定。不应该因为进步太小，看着不起眼，或者父母的标准太高，就把孩子点滴的进步忽略过去。

当然，关于表扬，父母也应该注意尺度，要中肯、适度，不能夸大其词，要有分析地表扬，不能太笼统，让孩子清楚表扬的是哪一点，为什么要表扬他，以免孩子滋生骄傲情绪。

4. "罗森塔尔效应"带给父母的反思

很多家庭出现的教育问题都与父母的观念有关。比如说，有的父母认为孩子只要学业成绩好就可以了，恨不得把孩子的每一分钟都安排满满的，订好日程表。可是，衡量现代儿童快乐的标准之一，是看这个孩子可以自由支配的时间有多少。凡是孩子自由支配的时间少，孩子就极可能有问题，这个家庭教育也就容易出问题。

我发现我的小学员詹詹，每次来上课都无精打采的，对老师提出的问题也不能很快做出反应，总是一种强打精神、闭眼就能睡着的状态。

后来，我去找詹詹的家长谈话了解情况，原来詹詹的父亲认为，不能让孩子输在起跑线上，于是给孩子报了六种课程的补习班，争分夺秒地学习。詹詹父亲还利用出差的机会去考察了美国的斯坦福大学，教育詹詹从小就立志考到斯坦福大学去。在父亲这种望子成龙的心态下，詹詹就像个小陀螺一样，每天不停地旋转在学校和补习班之间，学业成绩稍不理想，就会被爸爸训斥一顿。

在教育学和心理学上有一个著名的实验，这个实验是由美国心理学家罗森塔尔教授设计完成的。这个实验产生的结果，就是教育心理学上著名的"罗森塔尔效应"，或者叫作期待效应。

"罗森塔尔效应"留给我们这样一个启示：赞美、信任和期待具有一种能量，它能改变人的行为。所以要鼓励孩子，培养他们的自信，父母的期望将很大程度上决定孩子的未来。

不过，心理学家特别要指出的是，"罗森塔效应"可以是正向的，但也可以是负向的。

几乎所有的父母都会对自己的孩子给予不同程度的期望，这种教育期望直接影响着父母对孩子的教育行为，但是，并不是有期望就一定会有收获。父母的期望要建立在孩子的承受能力上，父母对孩子的期望越高，孩子所承受的压力就越大，如果这种压力超出了孩子的承受范围，那就会给孩子造成身体或心理上的伤害，只会让父母和孩子都痛苦。

有的父母时时刻刻不忘提醒孩子以什么为目标而奋斗，让孩子从小就在一种竞争焦虑下成长，认为如果不超越别人，就是自己的无能。长期下来，孩子很有可能会患得"习得性无助"。

"习得性无助"是心理学家在面对有学习困难的孩子时，常会用到的专业诊断词。它指的是个体在经历了某种学习之后，因为不愉快的情境经历，而在情感和认知行为上表现出的消极的特殊的心理状态。

有一个实验可以说明这种特殊的心理反应。

美国宝洲大学心理学教授赛利格曼曾经做过一个实验，把狗锁在一个笼子里，并且在笼子上安装一个扩音器。只要扩音器一响，笼子的铁丝网就会通电，电流的强度就会让狗感到疼痛，但不会对它的身体造成危害。

一开始，受到电击的狗会在笼子里疯窜，试图找到出口逃走，可是在遭遇了很多次的失败之后，狗绝望了，放弃了反抗和挣扎。后来，虽然扩音器响起，铁丝笼开始通电，但狗只是默默地趴在那里忍受痛苦，再也不试图逃跑了。

于是，赛利格曼教授把狗换到了一个更大的笼子里，笼子中间有一块隔板把笼子分成两边，一边通电，一边没有电，但隔板并不高，狗可以轻松跳过去。赛利格曼教授把另一只从来没有经历过试验的狗和先前的那只实验狗一起关进了通电的一边，当扩音器响起，笼子的铁丝网开始通电时，另一只狗在受到惊吓之后立刻奋起一跃，跳到了没电的那一边。可是那只可怜的实验狗，即使亲眼看到同伴轻易地跳到笼子的另一边，自己却仍然老老实实地趴在笼子里，再也不肯尝试了。

动物保护主义者肯定会对这个残酷的实验提出严重抗议。但是，如果我们把这个实验结果对照到自己的孩子身上，就会发现，心理学家用狗做实验，一些父母，却在用自己的孩子做实验。

学业成绩不佳、在学校里表现不好的孩子，就像那只被关在笼子里的小狗一样，曾经奋力跳跃，试图改变，可是当发现自己无能为力，电击的力量远远超过自己的力量时，也许就会出现这种"习得性无助"的现象，消极地对待困难，放弃努力。他们宁可自暴自弃，默默忍受失败的痛苦，也不愿意再次奋力一搏。

所以，作为父母，我们是不是应该重新审视给孩子制订的标准，并且试着帮助他分解目标，在到达目的地的路途中，多切割出几个经过一定的努力就可以迈过的阶梯？

教育期无非是指父母对孩子的期望。父母对亲子关系的期望，以及对孩子自我期望的引导三个方面。对孩子来说，健康的自我期望不是强过任何人，而是做最好的自己。如果孩子总是与他人比较，而且必须要争第一，那么就会在很大程度上干扰了自己的进程，甚至会影响自己的性格。面对比自己优秀的人，父母必须让孩子学会接受差距，要知道，我们总会遇到某些方面比自己强的人，不必过于在意，也没必要妄自菲薄。引导孩子自我期望的最佳状态，是让他心无旁贷地专注于自己的目标，并持续地超越自我。

孩子和父母相处的时间最多，学龄儿童能够寻求到的认同对象，除了老师之外，就是父母，所以"罗森塔尔效应"的认识最好能落实到父母身上。也就是说，要让孩子有一个健康的自我期望，父母对孩子的教育期望首先应该是合理的。

曾国藩曾经在给儿子曾纪鸿的家书中写过："凡人多望子孙为大官，余不愿为大官，但愿为读书明理之君子。勤俭自持，习劳习苦，可以处乐，可以处约，此君子也……"

曾国藩对于子孙人生的预期，主要设定在人格实现方面，而不是物质实现方面。如果过多地停留在物质实现方面，例如考入名校，获取高薪和高位，将物质实现作为人生的终极目标，就容易造成人生的挫败感。

对孩子做物质实现上的期待，其实是不恰当的。

曾国藩不要求儿子有多大功名，但他儿子的功名有多大呢？曾纪泽是中国近代最伟大的外交家之一，从沙俄手里争回了伊犁。

生命必须留有余地，就像鸡蛋一样，我们剥开煮熟的鸡蛋就会发现里面的"窝"没有一个是全满的，鸡蛋留下的"窝"就是留有余地。父母对孩子的教育期待也一样，一定要给孩子留下一定的空间，过高的目标、过满的学习计划只会让孩子的成长受损。

5. 啰唆——孩子最厌恶的沟通方式

"好的关系胜过许多教育"这句话的意思是，当你与孩子感情越深，关系越好，你的教育就越有效。真正的教育是自我教育，最好的学习是热爱学习，绝不是逼着、管着学习。

这就是教育的规律，对父母来说，建立好的亲子关系特别重要。

我的一个小学员瑞瑞，有一天来上课的时候，衣服上有很大一块牛奶污渍。问她是怎么弄的，她气鼓鼓地说，早上吃早饭的时候，妈妈先是让她吃鸡蛋，对她说"乖孩子，你现在正长大，需要很多营养，鸡蛋中含有丰富的蛋白质、维生素和矿物质，吃了对你的身体特别好。"

瑞瑞有点不耐烦，因为这样的话妈妈每天早上都会说。她顺手拿起一个面包吃起来，妈妈急忙为她倒了一杯牛奶，放到她手上说："乖孩子，光吃面包哪有营养，喝杯牛奶吧！"

瑞瑞喝了半杯，觉得好饱，刚放下杯子，妈妈马上说："把剩下的半杯也喝了，不然到了学校会饿的。"

瑞瑞回答道："我已经吃饱了，喝不下去了。"

妈妈说："你多少再喝一些，这种牛奶很贵的，非常有营养。"

瑞瑞真的不想喝了，说："等我晚上回来再喝。"

妈妈说："那怎么行呢？到了晚上就不新鲜了，喝了会肚子痛，你就再喝两口吧！"边说边将杯子往瑞瑞手里塞，瑞瑞推了一把，结果牛奶全洒在身上。

瑞瑞赌气出了门，妈妈还在啰唆："过马路要小心，注意安全，到了学校听课要认真，中午吃饭的时候别忘了喝果汁……"

一所中学曾经做过一个《"问题学生"调查报告》，通过对部分"问题学生"全面细致的调查，科学分析了导致"问题学生"的原因。其中家长啰唆取代了父母离异，成为"问题学生"产生的最主要原因。

其实，对家长啰唆感到极度反感的，不只有"问题学生"，绝大多数中小学生也表示不满。另一项调查也显示，50%以上的学生觉得父母的啰唆"烦得很"，认为"每天都会遭遇家长啰唆"的学生占90%以上。

父母啰唆的话题多是太早谈恋爱、考试、学业、饮食、服饰等，可怕的是，绝大多数父母对自己的啰唆毫无知觉，反而普遍认为这是一种爱和责任。少部分父母虽然意识到自己很啰唆，但认为"孩子必须经常敲打，时刻提醒。"

孩子年龄越大，对父母的啰唆越反感。孩子小时候，对事情没有太多自己的看法，通常会唯父母是瞻。而当他们年纪越来越大，尤其是到13、14岁进入青春期时，心理逐渐成熟，自我意识开始觉醒，对世界开始有自己的认识，逐渐将自己定位于独立主体。这时，父母再像以前那样喋喋不休，他们就会觉得没有得到成人的尊重，于是产生对抗情绪。

另外，各种束缚和压力增多导致孩子心理焦虑，上学以后，孩子要承担越来越重的学习任务，从而产生了焦虑的情绪。此时，父母的啰唆在他们听来非但不是"金玉良言"，反而会激起他们的反感。如果家长此时还像小时候那样管教孩子，只会加深亲子关系的裂痕。父母应该放下架子，教育孩子时，最好不要絮絮叨叨，不能总是"我说你听"而要以平等的身份和孩子沟通，尊重他们作为独立主体的存在。

在一些儿童网站中，很多小孩子会在论坛中探讨怎么对付啰唆的爸妈，有些孩子说，把父母的啰唆当成"耳旁风"就好了，学会了阳奉阴违，你说你的，我做我的，根本不当一回事。有的孩子会进行反抗，不再尊重父母。还有一首以妈妈的各种啰唆为歌词的《妈妈之歌》曾经风靡网络："起床、起床，快起来！去洗脸、去刷牙、记得梳头！会热吗？会冷吗？你就这样穿着出门吗？别忘了钢琴课在今天下午，所以你要练！出去外面玩，别玩太疯，别闹太凶。今晚不准玩电脑！我说了算！我是你妈……"

会教育孩子的父母，都是宽容、宽松的，而不是对孩子做的每一件事都指手画脚，参与个没完。好父母会尊重孩子，变"说"为"听"，只有对孩子提出原则性建议，这样才能获得孩子的信任和认同。反过来，如果孩子长期被唠叨，在负面情绪的影响下，他们就会启动"选择性失聪"来保护自己。这样，父母的教育就发挥不了作用了。

人们对于自己拥有的、随时可听可看的东西，常常缺乏热情的关注，并逐渐把它忽略掉了。那么你可以想想，如果在孩子的耳边老是重复同样的几句话，同样的一些道理，会产生什么样的后果？

老调重弹，反反复复说同样的话，会让孩子产生一种习惯性的模糊感觉，也就是明明在听，却根本不入心，这是长期重复听同样的话语而产生的一种心理上的忽略。所以，做父母的，不要老是只怪孩子不听话，也该静下来想想，自己是否真的太啰唆了。既然有些话每天、随时都能听到父母讲，今天没注意，明天还可以再听，孩子当然也就心不在焉了。

针对这种情况，心理学家为喜欢"碎碎念"的父母提出了行为建议，早日终结"碎碎念"。

父母爱啰唆，是因为不知道如何正确地和孩子进行有效的沟通。如果家长和孩子之间的沟通品质高，所有的问题都可以通过简单的交谈来解决，根本就不需要啰唆。

想要做到与孩子有效沟通，要在父母和孩子的状态都好的时候进行，如果有一方"气不顺"，带着情绪讲话，沟通的效果肯定好不了。父母对孩子说话时，尽量直接表达"自我感受"，而不是命令性的语言。比如说，看到孩子一直在玩，而不做作业，家长可以这样对孩子说："宝贝，你一直不做作业，妈妈心里觉得很着急，不知道怎么办好。"听到这样的话，孩子肯定不会有抵触情绪，可能会反过来为父母考虑，调整自己的行为。

6.10 岁是孩子成长过程中的一个关口

　　10 岁的孩子处在儿童的后期阶段，孩子的心理发生了明显的转变，开始自发地从被动学习向主动学习过渡，并开始有了一些自己的想法。但是，孩子辨别是非的能力还是极其有限的，经常会遇到很多自己难以解决的问题，是不安的开始，他们开始对世界感到恐惧。如果经过正确的引导，孩子可以安然度过这个不安的时期，综合能力得到快速的提高，在学习的旅途中将会实现一次具有人生意义的深刻转折，从此踏上成功的人生之路。

　　一位妈妈和我谈起她的儿子，说孩子今年 10 岁了，突然变得很难管教。比如，最近一个星期就偷偷从妈妈钱包里拿了好多钱去买零食。还学会了顶嘴的坏毛病，大人一说他就忙不迭地反驳，而且我行我素，很有主见的样子。

　　这个妈妈很着急还很生气，经常打骂孩子。

在孩子的成长过程中，10 岁是个关键的年龄。一些教育学家认为 10 岁是孩子离开"梦幻世界"，开始蜕变成"地球人"（earthy person）的关键期。

孩子成长到 10 岁，会有一些重要的转变，如果父母不懂得配合这些转变，对亲子关系就会有很严重的负面影响：与孩子的沟通会快速地恶化；孩子对父母进行抗拒、隐瞒等行为也会出现。通常说的代沟、叛逆性格都在这个时期产生。更严重的争吵、不理睬、离家出走等行为也可能发生。特别是这些转变来得既快又猛烈，令父母措手不及，感到不知如何是好。

其实，这些都与孩子大脑成长发育的方式有关。

科学研究显示，大脑的生长不是均匀和直线的过程，而是非匀速和分阶段的过程，各个阶段是相互影响、环环相扣的，任何一个阶段的发育受到阻碍，都会对今后产生不良的影响。

人在 10 岁左右大脑前额皮肤发育完善，大脑的抑郁能力加强，孩子的自制能力增强了，对自己的行为和情绪化变得更加有意识。对大脑的发育来说，可以说是一个"准大人"的阶段。所以 10 岁是培养孩子情绪控制能力的关键期，情感发展由易变性向稳定性过渡。从情感外露、浅显、不自觉向内控、深刻、自觉发展。

这个时期，父母如果教育和引导得当，可以使得孩子的情感控制能力有较大的提高。此时孩子社会交往的重心由家庭逐渐转移到学校，同学关系和友谊成为影响孩子的重要因素。在这个阶段里，孩子做的事都在模拟成年人的行为（认为自己已经有做成年人所做的事的资格），不会仅仅只是遵从大人的指示而做事。

孩子年纪小的时候，可能常常听从父母指示，在父母的身边亦步亦趋、很随和顺意。可是在1、2个周内，孩子会忽然变了另一个人，不再喜欢跟随大人外出，而且事事有自己的主见。他的主见大都不会很好，没有效果，但却总是坚持己见，宁愿事后挨骂。

原来，为了准备踏入"准成人"的阶段，孩子的脑海里开始了一个预编的程式。在这之前的日子里，孩子习惯并且乐意让家长拉着他的手走路，但是孩子做"准成人"时，却必须要独立，不让人拉着，用自己的双脚走路。这个改变的第一步就是孩子想甩开父母的手，这时所表现出来的行为态度就是不再事事听从父母的安排，例如不再喜欢跟随父母去什么地方，送上学也只让父母送到远离校门的路口。这时候的孩子会有很多意见，就算是一件曾做过多次，一向用父母所教的方法做得效果不错的事，现在却不肯照着惯用的方法，而是改用自己想出来的，往往效果不好的方法。弄糟了以后问孩子为何不用原来的好方法，他也答不出来，这是因为在当时，孩子的内心就有这样一种冲动。这种冲动来自他遗传基因预编的程式，是成长的一个重要部分。

父母若明白这是孩子成长中极为重要的一步，便不会事事干涉、施压，坚持孩子听从自己的指示或使用旧方法了。毕竟父母是想孩子将来成为一个独立的、有能力照顾自己、成功处理人生中种种挑战的人，甩开父母的手是必然的第一步。刚开始时所想到的方法当然不够周详，可是这正是好的自理锻炼！

这时，对孩子的教育要以说理为主要方法，因为他已经懂得一些道理了，应该给他设置一些"情境"去比较和分析。比如：孩子吃好吃的东西没有吃够，可以和他说，你吃不爱吃但应该多吃的东西也这样吗？再比如，让孩子看一些反面的事例，然后让他发表观点，那么以后他犯错的时候不用多么严厉的批评他就懂了。

让孩子多做一些他该做的或力所能及的事情。电影《蜘蛛侠》里有一句台词说，"能力越大，责任越大"。所以要想孩子有更大的能力，就应该尝试让他负更大的责任。尤其是一些家事，让孩子适当参与可以体会父母的辛苦，对于以后的独立生活也是很好的锻炼。孩子做一些事情，要以指导他会做和锻炼他为目的，不要过分批评他做得不好，孩子做了，还要经常表扬和鼓励他。

另外，加强与孩子的交流，多与孩子谈谈，听听他的想法和感受。有时父母觉得很忙很累，或觉得孩子的话题太幼稚，不愿意与孩子交流。实际上这样就失去了好的教育机会。多和孩子聊聊天，谈论事物，或一起看书、学习、娱乐，既能锻炼孩子的表达能力，也能发现孩子的观点，还能在潜移默化中渗透父母正确的观点，让孩子不知不觉地健康成长。

7. 孩子上学后精神压力很大怎么办？

不少父母把孩子的一些心理和行为问题当成一时的情绪化行为或偶然现象，其实，孩子这些有"心事"的表现应该为家长敲响警钟了。

小震已经 10 天没有去上学了。无论爸爸妈妈怎么诱导，他就是默默哭泣，坚决不肯走进校园一步。对他批评得厉害一点，他就大哭大闹着说："我再也不要上学了，你要让我去学校，我就去死！"甚至出现了腹痛并伴有恶心呕吐的状况，爸爸妈妈带他到几家医院诊治，都查不出任何问题。小震的爸妈感觉头痛极了，不明白一向听话懂事的儿子为什么会突然变得如此厌学。

孩子不想上学，是令父母颇为烦恼的问题，打也不行，骂也不是，动也没用，弄得父母无从下手。

要解决孩子厌学的问题，首先要弄清楚孩子不想上学的原因。

孩子不想上学，原因多种多样。有的孩子是因为学习成绩太差，老师讲课听不懂，在学校整天过得没意思，又怕父母责备，索性不想上学；有的是因为在学校常遭受欺负，待在学校简直就是受苦，所以不想上学；有的是因为快面临，考试压力过大，心理上承受不住，不想上学……总之，孩子不想上学的原因很多。

在这些众多的原因中，最普遍导致孩子厌学的原因，是孩子的精神压力过大。

根据心理学家的研究，当压力适中时，学习效率最好；没有压力或者压力过度，学习效率都很低下。在"在针对国内学生的一份调查显示，在学生的心理问题状况中，学习压力、情绪问题、考试焦虑分别位居前三，其中学习压力位居首位。导致孩子学习压力过大的因素，有孩子自身的因素，比如对自己期望过高、学业方面准备不充分、过于计较成绩与名次、惧怕失败、得失心太重等；也有外在方面的因素，比如，父母对孩子的期待值过高、考试竞争过于激烈、课业负担过重等。"

学龄孩子出现的各类不适，有80%与学习有关，主要表现在6个方面：

（1）不喜欢老师，对老师讲课的内容不感兴趣。上课无精打采，经常打瞌睡或出神，课堂上小动作特别多。

（2）做作业拖拖拉拉或敷衍了事，经常性地抄同学的作业或不完成作业，甚至一见到作业就厌倦、烦躁、发火甚至哭泣。

（3）害怕考试。对考试表现出明显的焦虑情绪，考前过于紧张、失眠，考试时脑子里一片空白，平时学会的知识都忘得一干二净，甚至到了谈考色变的程度，或者发生病理性反应。

（4）因为平时学业成绩较好，对自己总是有很高的要求，特别在乎成绩的排名，稍有失误就无法接受。

（5）与父母关系紧张，厌烦父母督促自己的学习，不愿与父母讨论有关学习的事，对父母提出的成绩及排名的期待，表现出很强的抵触情绪。

（6）因学习成绩不好而过分自卑，妄自菲薄。对自己没有信心，心理脆弱，尤其是在考试前后、作业太多或学习遇到挫折的时候，会因此而离家出走，甚至滋生轻生的想法。

另外，根据美国心理学家的研究，证明了精神压力过大，对儿童健康有很多负面影响，甚至会损伤智力。美国罗彻斯特大学小儿科副教授玛丽·卡塞塔认为，精神压力过大，会导致儿童大脑内负责记忆和控制情绪的海马体萎缩，从而对大脑发育造成极大损伤。

当孩子感到压力很大的时候，父母必须开始重视，从身心各方面积极帮助孩子减压。

心理学家为我们推荐了几种非常有效的儿童及青少年减压方法——

首先，孩子在感到压力大的时候，父母可以帮助孩子做一些放松训练，进行压力的疏导。

下面简单介绍几个自我压力疏导的放松法：

（1）音乐放松法：无论是孩子还是成人，倾听音乐15分钟，都会觉得心里舒服多了，精神上也得到了有效的放松。音乐本身可以转移人的注意力和意志力，音乐放送带有催眠放松的原理。

（2）意念肌肉放松：这也是很多心理学家和催眠大师推荐的放松方式。从头到脚，每个部位逐一地放松绷紧肌肉，同时把注意力聚集在正放松的肌肉上，随着肌肉的松弛，情绪也会逐渐放松下来。具体的顺序是："头皮——额头——眉头——眼皮——脸部——颈部——肩部——大臂——手肘——小臂——手腕——手背——手指——胸部——背部——腹部——腰部——臀部——大腿外侧——膝盖——小腿外侧——小腿内侧——脚踝——脚背——脚掌心——脚趾"，然后从脚到头再进行一次，通常就可以把身体完全放松下来。

（3）腹部呼吸：平躺在地板上，身体自然放松，紧闭双眼。吸气，腹部鼓起，然后紧缩腹部吐气，最后放松，使腹部恢复原状。正常呼吸数分钟后，再重复这一过程。

放松训练属于身体和意念方面的减压方法，能够迅速地看到效果，但是要想治本，从根本上解决孩子的精神压力问题，还需要在行为上做一些调节，具体如下：

（1）时间管理：善于安排和利用时间可以帮助孩子提高学习效率，减少压力，缓解焦虑。在各种学习任务特别繁重的时候，要帮助孩子学会按照不同学科的要求，分配和平衡时间，根据事件的重要性合理安排时间，可以有效地排除压力所致的疲惫感。

（2）确立现实的目标：根据孩子的情况制订力所能及的目标，以提高目标实现的概率，减少因目标过高不能实现而产生的烦恼和压力。

（3）劳逸结合：读书时间过长而缺乏足够的娱乐，是学生压力的主要来源之一。学习生活中应该有张有弛，适度的娱乐是更好学习的保证。

减压还有一个最重要的策略就是反思导致压力的观念和想法，在心理学上称之为认知调节。舒缓压力的一个好办法就是问问自己：这是不是最糟糕的结果？通常，事实没有我们想象的那么糟糕。所以，父母要帮助孩子打消一些不必要的顾虑，减轻孩子的心理负担，还可以和孩子一起分享自己的经验。

父母小时候一定也遇到过与孩子类似的情况，当时是怎样面对和克服的，这些都可以和孩子分享。当孩子知道了父母原来也常常会有面对压力和烦恼的时候，他们对父母所说的话就比较容易听进去了。父母告诉孩子自己是怎样应付压力的，实际上是为孩子树立了一个很好的榜样，也就增强了孩子克服压力的勇气和信心了。

8. 让孩子把自己的情绪宣泄出来

　　父母面对孩子的坏情绪，应要教孩子控制自己的情绪，或者让孩子通过正确的途径发泄情绪。要先理解、接纳孩子的情绪。如果孩子出现不良的情绪反应，父母也要先用同理心和倾听的技巧，接纳孩子的情绪。当孩子感觉到父母愿意理解他的感受时，心情就会慢慢地平静下来。

　　我的一个小学员名叫小轩，今年13岁。有一天小轩的妈妈告诉我，他前几天与小轩发生冲突了。那天，小轩正在写暑假作业，妈妈觉得他写作业不是很认真，边做边玩，就责骂了他，没想到小轩竟然勃然大怒，以此为借口向妈妈挥手跺脚，大喊大叫，还撕了课本。小轩妈妈被小轩的发狂惊讶到目瞪口呆。

　　如今，情商（EQ）的重要性已经被人们所认同，而一个情商高的人，通常对于自身情绪的控制力都非常强。情绪控制力好的孩子，对挫折忍受度高，社交能力和学业表现也比较杰出。事实上，家庭是孩子学习情绪能力最重要的开始，父母更是孩子最重要的情绪教练。但是，很多父母在孩子的情绪教育问题上通常显得手足无措。

面对孩子的情绪，父母最常见的集中反应是：

（1）以暴制暴："再胡闹，就让你好看！"之类的恐吓和威胁话语，不但会扼杀孩子的自尊心和安全感，甚至会使他们采取自我破坏和被动的攻击行为当成对父母的报复。

（2）当孩子情绪的奴隶："爸爸帮你解决就是了，别难过了。"用贿赂、哄劝的方式息事宁人，反而让孩子学会了用"情绪勒索"的方式控制父母。

（3）给孩子的情绪贴标签："你真是坏孩子，怎么这么粗暴？""真是爱哭鬼！惹人厌。"父母贴在孩子身上的"负面标签"，会轻而易举地扭曲孩子的自我认定。

（4）进行说教："你看！我不是早就跟你说过了……"这样的"马后炮"对沉浸在恶势力情绪中的孩子没有任何用处。当孩子伤心、难过、生气的时候，情绪已经主导了全部意识，根本不是灌输规则与训诫说教的好时机。

（5）回旋镖效应："你就闹吧！把我气死好了！"在孩子发脾气时，父母无法保持冷静，反而回以愤怒，那肯定会引起孩子一连串的坏脾气，形成"你来我往"的恶性循环，亲子之间的战争也将由此开始。在这个时候，父母最错误的做法就是否定孩子的情绪。孩子最不喜欢自己的感觉、情绪遭到别人的否定，所以当情绪遭到他人的否定时，他们的坏情绪只能是愈演愈烈，最后"发脾气也没什么大不了"的想法也将深刻在孩子的心上。

（6）阻断沟通："怎么垂头丧气的？振作一点！"漠视孩子的情绪或轻描淡写，不但阻碍了亲子沟通，也让孩子相信情绪是不受欢迎的，进而筑起一道心墙，变得对自己和他人的感受都麻木不仁。

做父母的面对孩子的坏情绪，正确的反应是应该教孩子控制自己的情绪，或者让孩子通过正确的途径发泄情绪。

首先要理解、接纳孩子的情绪。如果孩子出现不良的情绪反应，父母要先用同理心和倾听的技巧，接纳孩子的情绪。当孩子感觉到父母愿意理解他的感受时，心情就会慢慢地平静下来。

台湾师范大学特殊教育系的洪丽瑜教授说过，在孩子出现负面的情绪时，父母往往会以"不可以这样"来管教孩子，使孩子的情绪受到压抑，而不能提供给孩子一个实际练习面对和处理负面情绪的机会，长久下去，孩子表面上可能没事，内心的"情绪垃圾"却越积越多，最后一发不可收拾。

不过，接纳孩子的情绪，并不代表同意孩子的行为，要让孩子懂得，所有的感觉和情绪都是可以被接纳的，但是不当的行为必须停止。当孩子"无理取闹"时，因为心软而改变立场是父母的大忌。父母可以走过去，用轻柔和同情的语气说："你是不是不开心？看见你这样，我的心里也不舒服。"就这样分享他的情绪。

一开始，孩子可能会拒绝你的关怀，你可以走开，一会儿再回来，仍然用同样的方式跟他说话。用这种方式向孩子表明，你对事情的立场是坚定的，在情绪方面，你愿意和他分享，因为你理解和在乎他的感受。

接下来，父母要像一面情绪镜子，帮助孩子用语言表达他的真实感受，协助孩子察觉、认清自己的情绪，例如："看你哭得这么伤心，一定很难过，对不对？"回应孩子的感受，可以让孩子清楚自己的感觉。之后，继续用开放性的提问方式，例如："今天是不是发生什么事了？"协助孩子正确表达情绪，弄清情绪背后的原因。只有找到情绪反应的真正原因，掌握孩子的心理需求，才能有效地解决问题。

等孩子情绪平静下来，引导他调整认知，从另一种角度看待引起他困扰的事情，例如："事情已经发生了，你觉得很生气，但是发脾气也无济于事，我们一起想想看有没有更好的方法，好不好？"

作为父母的要懂得，培养情绪的控制力是一个持续进行的过程，一旦开始，就会渐入佳境。只要投入时间和耐心，运用技巧和多加练习，就能让孩子做自己情绪的主人。

9. 隐私被窥视让孩子的自尊心哗然破碎

马斯洛的层次需求理论中，把获得别人的尊重看作是仅次于自己价值实现的最高心理需求。让孩子学会尊重人，这是人的基本品格之一，也是家庭教育的重要目标。只有尊重别人，才能赢得别人的尊重；只有尊重，才能打造和谐的人际关系。

自尊是孩子的第二生命，苏霍姆林斯基把自尊看作是人最敏感的角落，父母要像爱惜珍宝一样爱护孩子的自尊心。

小莉自上了初中后，就把自己的抽屉上了锁，钥匙总是藏起来。

一天早上，小莉去学校以后，妈妈发现女儿的钥匙放在桌子上，又惊又喜，立刻打开柜子翻看了一番，想看看女儿究竟藏着什么秘密。

看完之后，妈妈小心地将柜子里的东西恢复原状，将钥匙依旧放在了桌子上。

晚上女儿回来，一进房间就大叫起来："你们偷看了我的东西！"

妈妈否认说："没有！"

女儿叫道："我在钥匙上放了一根头发，怎么不见了？"

母亲立刻倒吸一口气，原来女儿是试探父母的，这不是把他们当成"特务"了吗？

处于青春期的男孩、女孩，总爱给自己的抽屉上把锁，似乎藏着好多好多秘密。其实这是一种正常的心理特征，它展现了孩子的一种独立意识和自尊意识，宣告了他已成长为一个拥有个人行为秘密的成人，不再像孩童那样，随时都愿意向父母"敞开心扉"。这是孩子自由个性的集中表现，包括父母在内的其他人，再也不可以随意进入自己内心的"隐秘世界"。毫无疑问，保护孩子的"隐秘世界"是对孩子的尊重，父母也会因此赢得孩子的敬重。

根据调查显示，当孩子和同学聊天或者打电话的时候，有半数以上的家长会在一边旁听，甚至是偷听。虽然很多时候孩子表示只是随便和同学聊聊天，但是父母仍然会旁听，很多父母也表示出自己的无奈："孩子有什么话都不跟我们讲，这是我们了解他的唯一办法。"殊不知，这些父母的做法却正是孩子们最反感的行为。

说到隐私权，很多人都觉得这是成人的专利，对于孩子的隐私权利不以为然。其实孩子在3岁左右就开始有自己的小秘密了，而且很在意自己的小秘密。很多父母总是觉得孩子"瞒人没好事"，费尽心机也要破解孩子心中的小秘密。这种观点和做法都很欠妥，随意揭露孩子的隐私会对孩子的心理健康及人际关系造成严重的伤害。

美国哥伦比亚大学教育心理学教授金伯利·肖内特认为："青少年时期对隐私的需要超过他一生任何其他时期，甚至成年期，如果你认为隐私对你很重要，那么它对你的孩子更重要。"

所以说，孩子需要有自己私人的时间和空间，对此父母应该给予应有的包容和尊重。在孩子的生活空间上应如此，在孩子的心灵空间和感情空间上更应如此。

一旦你轻易地触动了孩子的隐私，孩子的心灵大门就会从此对你紧闭。所以，做父母的千万不要偷听孩子的电话、查看孩子的微信、偷看孩子的日记、跟踪孩子或者向孩子的同学或朋友"刺探情报"，否则，与孩子间的距离只会越拉越远，甚至还会产生难以挽回的后果。

这样说来，孩子的隐私父母就不能过问了吗？

当然不是！只是过问时需要讲究方法，先尊重孩子的隐私权，再让孩子自愿地和你倾谈隐私。

隐私具有一定的相对性，自己的私事对一些人是隐私的，对另一些人则不是；隐私可以转化，不信任你时是隐私，信任你了就可以不是隐私。

父母要争取孩子的信任，使孩子主动、自愿地披露心中隐私。这就要求父母尽可能做到：

（1）长期培养孩子对父母的信任感。

（2）在日常生活中培养孩子与父母沟通情感的习惯。

（3）不偷看孩子的日记、私自拆看孩子的信件。

（4）承诺为孩子保守秘密，就一定要守信。

尊重孩子的隐私权，这是密切亲子关系、获得孩子信任的基础。当孩子希望自己一个人在房间里待一会儿，不想被人打扰时，父母就不要随便进入，当需要进入孩子的房间时，应该敲门，并礼貌地问他："我可以进来吗？"

即使想帮助孩子收拾房间、书桌或者书包时，也最好让孩子知道，征求孩子的同意，你应该说："妈妈帮你收拾一下，可以吗？"

当父母表现出尊重孩子，孩子才会尊重父母，从而把父母当成他的好朋友。当他遇到什么事情或者心中有秘密的时候，才有可能主动与你沟通。也就是说，父母越尊重孩子的隐私，与孩子的距离也就越近。

10、孩子心里的不快乐，你知道吗？
——抑郁心理

　　小时候某次酣畅淋漓的玩耍，也许会让你怀念到老。长大后的某次加薪晋职，一阵兴奋过后再也索然无味。

　　在生活的压力下，我们关闭了太多的感觉器官，不会像孩子一样注意到那些微乎其微的东西。而在孩子的世界里，一件小事也许就是震荡心灵的大事。

　　我有一个家长访客，最近心神不宁，总是担心自己的女儿欣欣会想不开。怎么回事呢？原来在某天晚上，妈妈催促正在看电视的欣欣赶紧做作业的时候，欣欣突然摔了遥控器，说："天天就知道逼着我做作业，烦都烦死了。你再逼我，小心我死给你看！"欣欣的这句话让妈妈吓了一跳：宝贝女儿平时挺乖巧听话的，最近一段时间却非常暴躁，还时常冒出"真没意思"、"还不如死了"之类的话。妈妈很担心，万一孩子真的出点什么事儿可怎么办？

无独有偶。某个下着雨的上午，一辆呼啸着的救护车将一个刚满 10 岁的小女孩拉进了医院。1 小时后，经过医生的抢救，终于把小女孩从死神手里拽回来了。小女孩怎么了？原来是她用刀割自己的手腕，想要结束自己的生命！

这个名叫小蓓的孩子，为什么会想要自杀呢？这还要从 2 年前说起。那个时候，她的爸爸投资失败，整日无所事事，脾气也见长，经常在家里大发脾气。有时候喝了些酒，还会对小蓓和妈妈大打出手。尚年幼的小蓓，整日生活在被打的恐惧之中，精神开始恍惚，学习成绩也一落千丈。不仅受到老师的批评，父母更是责骂不已。尤其是小蓓的爸爸，他想不到原本成绩优异的女儿，为什么变得这么没有"出息"，更是想通过"惩罚"来教训孩子。

这样长期下来，小蓓的心理压力越来越大，越发觉得生活失去了希望，人也变得沉默，开始不与别人沟通，不与人争执，做任何事都小心翼翼，生怕惹别人不开心。她自杀的那天，妈妈告诉小蓓，她与爸爸正在商量离婚的事，小蓓终于承受不了了，觉得生活失去意义，拿起刀子，划向了自己的手腕。

孩子的情绪早在出生后即可从表情来判断，例如哭、笑，随着幼儿逐渐成熟，情绪的分化和种类也愈来愈多。比如：头痛、肚子痛、吃不下东西、睡眠过多或不足。行为上也可能会出现无理哭闹、破坏东西、闷不吭声、无精打采、退缩、紧黏家长、疑神疑鬼、忧心忡忡、不活泼、不爱玩耍、不合群、不听话的情况，甚至还会有想自杀的念头。

导致孩子这种忧郁心理的原因有：

1. 家庭因素

残缺的家庭结构和不良的家庭氛围会诱发儿童抑郁，父母离婚、丧亡或与孩子长期分离都会给孩子纤弱的心灵造成压力，而家庭气氛不和谐，比如家长经常争吵、互不理睬，旁观的孩子往往会受到难以平复的心理伤害。

2. 心理因素

有的孩子娇生惯养，被过度宠爱，缺乏抗压受挫的能力；有的孩子性格内向，不敢与人交往；有的孩子自私暴躁，唯我独尊，听不得批评。当出现不利情况或负面评价时，他们就容易消沉抑郁。

3. 经历因素

经历过重大生活变故的孩子，特别容易产生抑郁症状，因为孩子身心发育尚不完全，还不具备应对重大变故的心理调节能力，曾经的强烈刺激，对于他们来说是挥之不去的阴影。

4. 环境因素

成年人处在一个充满敌意或蔑视的环境下，都难免情绪恶劣，更何况孩子。如果他们从社会环境中感应到的总是厌烦、不满、忽视，久而久之，就会形成抑郁心态。

5. 遗传因素

如果家族成员中有抑郁症患者或自杀史，也可能导致孩子患上抑郁症。

有一些家长反映，自家的孩子小小年纪，经常生生死死的，将"还不如死了算了"挂在嘴边。有些家长觉得孩子是随口说说，还有些家长会出现类似欣欣妈妈那样的担忧。更为严重的是，如小蓓一般，轻易不说"死"，但抑郁的心理长期发展，一崩溃就直接寻死的孩子。

事实上，因为存在自杀倾向被家长带往心理机构就诊的孩子不在少数。把"死"挂在嘴边，或者长期抑郁的孩子有几种心理：有些孩子的确是看电视或是读书，把"死"当成开玩笑的事情；有些孩子是因为从小被娇惯，想要用"死"来达成自己的某种目的；还有些孩子索性沉默寡言，因为学习压力，或者某些说不出口的压力而产生自杀心理。

父母千万不能对有抑郁情况的孩子掉以轻心。在孩子开口说"死"，闭口沉默的时候，要及时和孩子进行沟通，找出孩子的心理问题。心理情况比较严重的，还应该带着孩子去寻求专业的心理帮助，以免产生如小蓓一样的严重后果。

认识到孩子在生活中存在压力，耐心地和他们一起分析解决这些问题，对每位父母来说都是必要的。那么该如何帮助孩子摆脱抑郁的困扰呢？

1. 要时刻关注孩子的情绪。当发现孩子低落沮丧的时候，适时鼓励孩子，让他表达出自己的烦闷和忧愁，说出让他犯难的事。当爸妈的，一定要耐心倾听孩子的心声，或者可以鼓励孩子对他信任的人诉说，这样会让孩子产生一种被爱，被理解的安慰感。要知道，倾诉本身就是一种情绪宣泄的好方式，能说出来，就表示问题不会很大。

2. 在亲子关系中，尊重孩子是一个很重要的原则。为人父母，要尊重孩子的做事喜好，让孩子做他愿意做、喜欢做的事。比如，2 岁的孩子允许选择午餐吃什么，3 岁的孩子允许选择上街时穿什么衣服，4 岁的孩子允许选择假日去什么地方玩，5 岁的孩子允许选择买什么玩具，6 岁的孩子则允许选择看什么电视节目……只有从小就享有选择"民主"的孩子，才会感到快乐自立。当然，前提是不能纵容孩子的任性要求。

3. 父母不但要鼓励情绪抑郁的孩子做自己喜欢做的事，还要帮助孩子培养自己的兴趣。开心地唱歌、跳舞、玩闹，可以赶跑孩子的抑郁，换来孩子的好心情。

4. 鼓励孩子多交朋友。不善交际的孩子大多性格抑郁，因为享受不到友情的温暖而孤独痛苦。性格内向、抑郁的孩子更应多交一些性格开朗、乐观的同龄朋友。

11. 父母心态好，孩子状态好

美国学者史特拉·切斯和亚历山大·汤玛斯，对135人从婴儿期直到成年进行追踪研究，发现有两种力量在塑造孩子的个性，一是孩子的气质，二是父母对孩子做出的反应。可见，孩子成为什么样的人是其天性和父母的养育相互作用的结果。

有一位父亲来跟我分享他最近的教子心得，他告诉我，过去因为孩子学习成绩不好，他和太太常常争执，夫妻二人就互相埋怨，还要训斥儿子太笨，结果孩子的学习成绩一路下滑。

有一次，孩子竟然考了倒数第一。这位爸爸接过试卷，刚想发火，转念一想发火也无济于事，不如换一种方法试试。他微笑着说："太好了，儿子！"本来已经准备迎接暴风雨的儿子大吃一惊，以为父亲已经被气糊涂了。这位爸爸对儿子说："你想想，这一次你就不用再担心别人会超越你，也不用担心自己会考得更不好，你只要往前跑，就是在进步！"

孩子的心里顿时轻松多了，第二次考试就有了大大的进步。

父母心态的稳定，是影响孩子心态稳定最重要的一个因素。

心理健康是一个系统工程，家庭在孩子心理健康教育中有极其重要的、不可替代的作用，父母的心理素质对子女心理健康的影响具有早期性、广泛性、深刻性和长期性。

心理学认为，个人心理素质的形成关键取决于儿童时代父母的教育和影响。

美国的心理学家发现，和心理有问题的父母生活在一起的孩子与心理健康的父母生活在一起的孩子相比，会产生更多的行为或情绪方面的问题。家长有心理问题的，其子女有心理行为问题的高达60%。父母的教育行为是在其心里支配下有意识进行的，不良教育心态必然会导致不当的教育行为，进而对子女的心理健康带来负面影响。

父母对孩子的态度不仅影响孩子的智力发展和学习，也会影响孩子其他能力和人格的发展。如孩子的社会适应能力、人际交往能力、自主能力、独立能力等。人的这些能力是在童年时代奠定下基础的，父母对待孩子的态度，对孩子在这些方面能力的形成有巨大影响。父母是用鼓励的态度支持孩子去和其他小朋友交往，还是限制孩子的交往；当孩子受到挫折时，父母是帮助、鼓励孩子，还是讽刺、嘲笑、忽视孩子，甚至让孩子在挫折面前逃避，都将对孩子以后的心理造成重大的影响。

那么，父母究竟应以什么样的心态来完成教育孩子的大任呢？

在对待孩子时要尽力让自己拥有一个平和的心态，如果父母表现出很焦虑、暴躁或者急于求成，那孩子的心态就会更加不稳定。

教育是一个复杂的过程，在这个过程中，父母很难预料到会碰上什么事情，孩子会有什么表现……唯有保持平和的心态，父母才能从容不迫地应对一切教育难题。例如，当遇到困难的时候，父母只有将心态放好，既不抱怨自己，也不埋怨孩子，心平气和地去想办法努力解决问题，才能渐渐在帮助孩子处理问题时游刃有余。

教育专家告诉我们，养育一个健康、快乐的孩子永远比培养一个出类拔萃但不开心的孩子重要。

养育孩子，少一点焦虑，多一点轻松，不妨学着以平和的心态，做一对不较劲的父母。

Part 3
健康心理越早培养越好

　　有位儿童教育家说过："优秀的品格，只有在孩子仍在摇篮的时候开始培养才有希望。健康心理的种子在孩子心里播下的时间，越早越好。"

　　我身边有很多来访的家长，将教育孩子的时间放在开发孩子各种能力上，他们认为道德是很虚幻的，不知道如何下手。对那些可以具体化的知识来讲，他们可以用比较精确的测评表来测试出孩子的程度，也就知道如何着手教孩子。但是道德教育不像别的教育那样有一个章程，这也是家长们有意无意地忽略孩子道德教育的原因之一。

1. "苟不教，性乃迁"

对孩子道德教育也要点到为止，不要过分夸大事情的严重性，或者是抓住孩子的某个问题不放。如果让孩子的内疚感演变成罪恶感，对孩子的心理有害无益。

前段时间看了一个新闻：

说是某学校有一个班长，有打"小报告"的习惯，经常将班级内的事情在班会上当着大家的面汇报给老师，因此引起了很多同学的反感。

一天，班里有数名男生带着管制刀进了学校。没多久之后，班主任走进教室，没有过多解释，就将他们的刀具没收了。中午吃过午饭，被没收了刀具的男同学来到班长面前，质问她是不是向班导告密了。班长矢口否认，这些学生就锁上了教室的门，轮流用扫把、不锈钢饭盒等东西殴打她，整个过程持续了十几分钟。当班主任赶到现场的时候，她已经被打得遍体鳞伤了。

"苟不教，性乃迁"的意思就是说如果从小不好好教育，善良的本性就会变坏。这句千百年来流传民间的三字经，在某个角度上反映出家庭教育的中心任务之一——培养孩子的道德。但是从这个新闻事件上，我们可以看到孩子在道德上的缺失。

　　我们培养孩子，肯定是希望他能成为一个德智体美全面发展的人，因此道德教育也应该成为你教育孩子的重点。但是在我的来访者中，有很多家长都出现了重智轻德的现象。而我要提醒家长的是，品德是孩子日后为人的根本，是千万不能忽视的。

　　有位儿童教育家说过："优秀的品格，只有在孩子仍在摇篮的时候开始培养才有希望。道德的种子在孩子心里播下的时间，越早越好。"我身边有很多来访的家长，将教育孩子的时间放在开发孩子各种能力上，他们认为道德是很虚幻的，不知道如何下手。对那些可以具体化的知识来讲，他们可以用比较精确的测评表来测试出孩子的认知程度，也就知道如何着手教孩子。但是道德教育不像别的教育那样有一个章程，这也是家长们有意无意地忽略孩子道德教育的原因之一。

　　心理学认为，一个人的道德不是生而有之的，但人也不会违背自己的天性。事实上，我们天生具备的是获得道德的能力，然后通过教导和习惯来达到尽善尽美。我打个比方：一个孩子学钢琴，如果父母没有请专业的钢琴老师来给他示范，他是没有办法无师自通的。道德的学习也是这样。孩子的道德习惯是以父母、亲友与其他社会人员为鉴的。父母应该成为道德的实践者，这样在孩子的眼中才能出现道德的萌芽。或许他们还不清楚道德是什么，但一颗美丽的心已经在慢慢地滋长。只有让道德陪着你的孩子，他们才能在世界中写出一个大写的"人"。

　　孩子的道德教育，不像孩子学说话、学识字那么立竿见影，它所依靠的是潜移默化的影响。作为父母，除了在日常生活中成为孩子的道德学习对象，还可以通过一些技巧来培养孩子的道德感。

你肯定会经常以自己心爱的宝贝为骄傲，这种感受应该让孩子了解，让孩子知道他是你的骄傲。孩子非常乐意知道他做什么事会让你赞赏，会让你对他感到骄傲自豪。因此，当你的孩子做了正确的事情，哪怕再微不足道，也一定要将你的自豪表达出来。

你要让孩子了解，他做的任何一件事，再小都不是他一个人的事情。他的任何一个小的行为，不管好的坏的，都会影响到别人。让孩子试着学着理解别人，从别人的角度考虑问题。虽然孩子可能还无法准确理解你的意思，但是给孩子种下同理心的种子，是为孩子的道德生根发芽所施的肥料，让孩子的道德心更苗壮。

在孩子行为不当的时候，适当地让孩子看到你的窘迫，有分寸地让孩子知道你因为他的所作所为而感到窘迫不安，能在一定程度上帮助孩子道德心的塑造。比如，孩子习惯在公共场合大声喧哗，这时候你可以跟孩子说："宝贝，你这样做很没有教养，别人会觉得是我没有教好你。"孩子肯定会觉得羞愧，进而改正这个习惯。将你的尴尬让孩子感知，并且与孩子讲明道理，会帮助孩子改进习惯，建立道德观念。

在对孩子的道德心理训练中，有一个方法叫作"内疚感训练"。教导孩子知晓内疚感，对培养孩子的道德心非常有好处。孩子犯了错误后如果能够产生内疚感，就会进行自我反省，从而保证今后不再犯类似的错误。比如，当孩子从隔壁邻居家的花园里采回一束花来炫耀的时候，你别觉得这是小事，这可是个严肃的是非问题，往小了说是孩子贪小便宜，往大了说就是孩子偷窃他人物品。在这种情况下，你得让他知道这是犯错了，让他产生内疚感。"宝贝，没有经过别人的允许，你不能随便摘人家的花。你看邻居阿姨天天那么精心地种花，你摘下了，她知道了该有多难过啊。当然，这也怪妈妈，没有及时教导你。"你将自己的内疚表现出来，孩子就会觉得他真是做错了。当然，你也要注意分寸，不要过分夸大事情的严重性，或者抓住一件事没完没了，否则太强的内疚感会变成罪恶感，给孩子的内心留下阴影，不利于孩子的心理健康。

2. 家有"撒谎精"，爸妈怎么办？

孩子说谎的原因有很多，家长一定要弄清楚孩子撒谎的动机，再对症下药地对孩子进行教育。要尊重孩子，努力营造民主的家庭氛围。这样才不会让孩子因为担心做错事被批评，而撒谎保护自己。一定要让孩子了解：错误是可以原谅的，但是撒谎，在任何时候都不能被原谅。适当的时候，还可以让孩子小小地受点惩罚，让他记住——撒谎是可耻的，坚决不能撒谎！

班里的学生陶陶前些天一脸沮丧地对我说，自己被他妈妈称为"撒谎精"。怎么回事呢？陶陶却低着头不说话了。陶陶妈妈来接他的时候，我询问了这个情况，陶陶妈妈一脸无奈地对我讲述陶陶的"罪行"。原来陶陶经常对妈妈说谎，比如有时候陶陶从学校回家，会突然对妈妈说："我们班主任对我太过分了，总是骂我。"妈妈听了之后很生气，第二天就找到学校的老师。但是经过调查和了解，发现班主任对陶陶其实十分关爱。妈妈了解了情况，赶紧班主任跟道歉，一脸尴尬地带着陶陶回家了。

回到家，妈妈问陶陶："为什么要撒谎骗我！"陶陶嬉笑着说："我只是开个玩笑而已。"妈妈听了这个解释，气得连话都说不出来。

撒谎的还不只这一件事。有一次陶陶考了 70 分，但是一回家，却告诉妈妈自己考了全班第二。妈妈信以为真，还买了最新的模型玩具奖励陶陶。谁知道后来开家长会，才发现根本没这件事。妈妈质问陶陶，陶陶又是摆出一副"任人宰割"的样子。

陶陶妈妈问我，孩子怎么会撒谎呢？

其实，孩子会说谎，几乎是从会说话的时候就开始的。孩子说谎，首先是因为孩子知道自己做错了某件事，或者在某件事上没有达到标准，如陶陶这样，害怕父母或者其他人生气。孩子没有很明确的是非标准，不知道撒谎是不对的。这个时候作为家长，应该给予充分的理解，并且让孩子知道这是一种不被认同的行为。

随着年龄的增长，让孩子说谎的原因越来越多：有些孩子是为了免受惩罚；有些孩子是为了得到自己想要的东西；有些孩子可能仅仅是为了被同伴羡慕，满足自己的虚荣心。另外，有些谎言是被父母给"激发"出来的。父母不应该问那些可能让孩子产生"防御性"的问题。想想，我们自己是不是也不喜欢被别人质问，更何况是孩子呢。

我的来访者中，还有些孩子，是比较内向和软弱的。当他们遇到困难的时候，第一个反应就是编造谎言，来躲开可能的冲击。这是一种自我防御，但是这种防御在习惯之后，会形成一种反射，进而在遇到问题的时候下意识地编造谎言，变成习惯性说谎。

如果希望培养出孩子诚实的品德，那么父母一定要做好心理准备。既要听让你愉快的真话，也得听让你不高兴的真话。想要让你的孩子在成长的过程中保持诚实的品质，就一定不要鼓励孩子隐瞒真实想法。不管他的这种想法是积极的还是消极的，你都得客观地接受。

孩子爱撒谎，家长也是有一定责任的。

要让孩子不撒谎，首先父母不能当着孩子的面撒谎；不要轻易对孩子承诺，一旦承诺了就要兑现；不要在孩子知道事实的情况下，明目张胆地撒谎。

其次，别哄骗孩子，孩子提出的不合理要求，不要以谎言的方式来拒绝。比如孩子想吃糖，你不要故意把糖藏起来，再跟孩子说："家里没糖。"应该给孩子讲清楚吃太多糖对牙齿和身体的危害。

对于孩子为逃避惩罚而说谎的情况，你就得有足够的耐心，用孩子比较容易接受的方式，对孩子动之以情，晓之以理。这样才能让孩子在道理面前主动纠正自己的错误，而不是编出瞎话来回避自己的错误。

当爸爸妈妈们发现自家的孩子第一次说谎的时候，不要因为孩子还小，就放任不管。孩子在小的时候可能会在无意间说谎话，如果家长不及时给予矫正，会让孩子觉得自己的谎话得逞，进而在以后的生活中不断地用谎话来达到自己的目的。因此，如果不想自家的孩子养成习惯性撒谎的毛病，就要抓住孩子的第一句谎话，将孩子说谎的毛病扼杀在摇篮里。

此外，切记不要教孩子说谎，更不能让孩子帮你撒谎。不要以为这是小事，这很有可能在孩子的心里种下撒谎的种子，影响孩子一生的品行。

3. 让孩子理智地花钱

让孩子理智地花钱，并不是时刻地跟孩子算计金钱，这样只会让孩子变得功利。你要让孩子知道的是，有没有零花钱，给多少零花钱，都与你对孩子的爱无关。但有些家长仍然会有意无意地暗示孩子，比如："我都在你身上花了那么多钱，你还这么不听话"、"你最近表现很差，再这样下去，别指望我下个星期给你零花钱。"

若你希望通过钱来控制孩子的行为，付出的代价要远远超过想象。孩子早晚会自食其力，当这一天到来的时候，父母想要牢牢掌握的"控制权"又该从哪里获得呢？

看到同事传来的一篇文章，为人师的我读来感触颇深——

"不管孩子是在牙牙学语，还是已经在幼儿园里开始认字了，或者已满 12 岁即将升入初中，搞不好在某天你会大吃一惊——这个小屁孩没多大，居然开始对你辛苦买回来的私家车嗤之以鼻：'难看死了，老土！'。几年之后他上大学了，信用卡没几天就被他刷爆了，害得你当月的房贷没法支付；大学毕业之后，这个你曾经以为已经培养独立生活能力的孩子，却突然搬回了家，不找工作不思进取。'既然可以吃家里的免费午餐，为什么我还要自己在外面辛苦生活呢？'他如此大言不惭地对你说。"

看完这篇文章描写的场景，你心里是否会突然打个激灵。"不会吧，如果我的孩子长大了也变成这样，那我该怎么办？"为人父母，平日里想得最多的是如何满足孩子的需求，如何给孩子更多，却往往忽略了孩子金钱观的教育。而金钱观的教育，应该从小时候的零花钱开始。

日本的教育专家指出，零花钱在孩子的生活中占有重要地位，它是孩子们自己"创造生活"的来源。

中国的父母，在对孩子"钱不钱"的问题上，容易犯两个比较极端的错误：一则是有求必应，另一则是有求不应。这两种做法都可能影响到孩子的心理发展。前者可能会导致孩子的欲望从小膨胀，后者可能会造成孩子在同龄人中的自卑。

适当地给孩子一些零花钱是值得鼓励的，但是给孩子零花钱，一定要遵守"既不能有求必应，也不能有求不应。"也就是既不能无限量地满足孩子的需求，也不要在该给的时候"吝啬不予"。古时候的清官张难先有一句关于无节制放任孩子花钱的话："子女钱多胆也大，大事小事都不怕，不丧身家不肯罢。"

现今，经济宽裕的家庭不在少数，但即便是一些经济比较拮据的家庭，在关于孩子用钱问题上也"有求必应"，父母就算自己节衣缩食，也一定要满足孩子的需求。殊不知在这样的家庭中成长的孩子，会渐渐地只知道享受给予，而不懂得付出和回报。当父母有一天无法满足孩子的需求时，孩子就可能与父母翻脸，甚至做出一些伤害父母的事情。

在孩子的用钱问题上，父母还容易犯的一个错误就是，孩子开口要钱一律拒绝，即便是正常的需求也难以让孩子得到满足。抱着这种态度的父母认为，孩子只要有饭吃，有衣服穿就行了，太小给孩子花钱不是好事。这就又走入另一个极端了。

孩子渐渐大了，在学校里会有自己的人际交往。如果多数的同学和朋友手里都有点能够自由支配的金钱，那没有此类费用的孩子就会觉得自己很卑微。其他的孩子在交朋友的时候，可以做到在小的消费上面你来我往，沟通感情。不能说物质是现代人维持人际关系的唯一手段，但也是重要手段。就算是孩子，也容易将自己与其他的孩子比较，在比较中建立自信。

平日里没有零花钱的孩子，大多会因为自己在物质上的稀缺而感到自卑，严重的甚至可能将自己封闭起来，不主动与同学和伙伴交往，形成孤僻、退缩的性格。这样不仅会阻碍孩子的身心成长，还可能会给孩子的一生造成不良的影响。

因此，在孩子用钱的问题上，父母一定要注意"度"，过度地"富养"和过度地"穷养"都不恰当。宽裕的父母一定要对孩子有所节制，当给则给，不当给则不能因为孩子的哭闹而妥协。手头紧的父母也要注意别受"再苦不能苦孩子"观念的影响，自己再节俭，也要挪出钱去满足孩子的欲望。当然，也不要一点钱都不给，而是要在经济允许的情况下，尽可能地解决孩子的正常需要，以免造成孩子的自卑心理。

为人父母的，除了在孩子的零用钱问题上要掌握好"给不给"、"给多少"的尺度，还要教会孩子正确地使用零花钱。如何支配自己的零花钱，是孩子人生理财的第一课。

教会孩子如何使用零花钱的目的是，让孩子学会如何预算消费、节约消费，做出正确的消费决定。要尽可能地将孩子的零花钱控制在其他同伴相当的水平。使用零花钱，由孩子自由支配，大人可以给予指导，但不能直接干预。当孩子因为零花钱的使用不当而浪费的时候，你要巧妙地提醒孩子，什么钱该花，什么钱不该花。当然，不要直接用钱来帮助孩子渡过难关。只有这样，才能让孩子知晓过度消费引起的后果，从而学会对自己的任何一笔消费行为负责。

给孩子零花钱，不是让孩子想买什么就买什么。爸爸妈妈要帮助孩子分辨：哪些是需要买的，哪些是可买可不买的；哪些是应该的花费，哪些是铺张浪费。可以通过零花钱，向孩子传递健康的生活理念：比如东西是买不完的，我们只要最适合我们的那个。要懂得用聪明的脑袋取舍，在买了这件东西之后，就要节制自己买另一件东西的欲望。任何东西都是有限的，要把节约当成一种习惯，把钱花在更有意义的事情上面。

为了帮助孩子建立正确的消费观念，某些国外的家庭还会让孩子用零花钱为家庭中的某部分开支付账。在孩子足够成熟之后，你还可以翻开为孩子记的账本，告诉孩子家里的钱都是怎么花的，来帮助孩子了解"家庭财政"，让孩子懂得柴米油盐之贵，知道生活的艰辛，从而养成勤俭节约的习惯。

4. 顺手牵羊未必真的喜欢羊

在原则问题上，要严厉地管教孩子，但我不提倡体罚孩子。若你只是一味地对孩子动粗，或者故意冷落孩子，不去了解孩子偷窃行为的内在原因，那么孩子很有可能会采取更为偏激的方式来对抗你：比如离家出走，更严重的偷窃行为等等。有时候，你的严厉或许可以制止孩子的偷窃行为，但产生偷窃的内因依然存在，孩子就有可能产生新的问题。因此，在对待孩子偷窃的问题上，一定要保持两个原则：理智对待，谨慎教育，让孩子在保持自尊的情况下改掉这个毛病。

我有一位小访客晨晨，小小年纪让他的妈妈愁得不行。因为孩子有"小偷小摸"的习惯，并且还不是第一次了。

有一天，晨晨妈妈又发现自己钱包里的钱不见了，心里琢磨着是不是晨晨偷拿了，心里七上八下的。晨晨放学之后，妈妈开门见山地问他："你把妈妈的钱拿去做什么了？"晨晨脸色变了一变，诚惶诚恐地说：

"买了一个游戏光盘，剩下的请别的小朋友吃东西了。"晨晨妈妈有点头大：果然是他！怎么办？要打他么？妈妈尽最大的努力让自己冷静下来，对晨晨说："你这是小偷的行为，知道吗？"接着教育晨晨"小时偷针，长大偷金"的道理。

随后，晨晨妈妈还想了一个办法：孩子不是缺钱么，那就给孩子固定的零花钱，这样总能不偷钱了吧？于是，妈妈决定每个星期给晨晨一些零花钱。就在来访前一天，妈妈在房间午睡，听到硬币掉在地上的声音，心里一惊：难道孩子又在偷钱？她蹑手蹑脚地走出房门看，果然看见晨晨偷偷摸摸地躲在厨房，拿着妈妈的钱包在翻。妈妈都快气炸了："你怎么能这样！"

在我的来访者中，有很多孩子都有过顺手牵羊，小偷小摸的行为。对孩子的这种毛病，来访的家长通常都特别生气，不是打就是骂，但收效甚微。如果自己家的孩子也有这样的问题，你是否也在发愁如何帮孩子改掉这个坏习惯？别着急，听我慢慢说。

上幼儿园的孩子，如果从超市里将薯片带出来，或者将别的小朋友的玩具"顺走"，这些行为仅仅是孩子淘气，而不能说是"偷"。如果你家的孩子正在上幼儿园，那么他拿东西很可能是因为他不清楚"拿"是需要付出代价的，不懂得花钱来买，也不知道不打招呼就随便拿东西是错误的行为。他们的脑中还没有"我的"与"别人的"概念，道德观念尚在发育中，没有完全形成，这仅仅是原始意义上的"爱物"行为。因此，你发现自家的孩子偷拿东西的时候，不要责骂孩子，给孩子太多的责怪。因为这个时候的"拿"不能说是真正意义上的"偷"。但是你也应该通过当前的事情，让孩子明白这种不经允许"拿"的行为是错误的。让孩子了解："没有付钱或者没有经过别人同意就拿走东西，会给别人带来损害，会让他们伤心的。"

如果孩子从超市里悄悄地把薯片（或其他商品）带出去，你要带着孩子将东西还回去。如果孩子已经拆开吃了，一定要让孩子跟超市负责人员道歉，并且替孩子将钱还上。在这个过程中，要注意维护孩子的自尊，不要在大庭广众之下让孩子下不来台。既让孩子知晓这个错误行为，又不要给孩子留下阴影。

下次你领着孩子去超市的时候，就要多关注孩子的行为，看看孩子是不是又将东西放在自己的口袋里。在收银处付款的时候，要同时告知孩子："宝贝，你看啊，每种商品都是有价钱的。妈妈只有把自己的钱给收款阿姨，才能把这些商品带回家哦。"让孩子参与付款的过程，或者让孩子自己付款，来增加孩子"买东西付款"的概念。

有些家长发现孩子在幼儿园"偷"来的东西，自己家里也有，也没什么价值，不知道孩子为什么偷东西。实际上，它所表现的是孩子在感情上的混乱——他追求的仅仅是以某种东西来满足自己的心理。只要对这些孩子多加注意，就可以发现，这样的孩子平常是不怎么说话的，情绪也不好，在感情上无法得到满足。这个时候，孩子或许就会通过偷东西的方式，来和别人分享自己的"所有"，笼络身边的人，建立与其他人的感情来弥补亲情的不足，消除内心的孤独感。针对这种孩子，家长应该反思自己，然后具体问题具体分析，或者多给孩子一些关爱，或者满足孩子的正常需要，但不要一味地责骂，甚至责打。

你可以稍微委婉地问问孩子，东西是从哪里来的。如果确定孩子是"私拿"，则应该引导孩子想想：如果别的小朋友拿了你的心头爱物，你会有什么感觉？随后鼓励孩子尽快将东西还回去，并且解释清楚，诚挚道歉。

当然，仅仅归还东西和道歉是远远不够的，这是治标不治本的做法。家长还需要做的，是挖掘孩子偷拿东西的动机。是孩子的合理需求没有得到你的满足？或者是你平常太过于宠爱孩子，一旦他的要求得不到满足，就会想别的办法来达到目的？还是孩子平常手头过紧，看到别的小朋友有钱，自己没有，因为心理不平衡而伸出手？还有极个别的孩子，将"偷东西"当成是有挑战性的行为。他们觉得做别人不敢做的事情，会显得自己很厉害……这些都需要爸爸妈妈自己探究，再对症下药改正孩子的坏毛病。

5. 慷慨大方也要看初衷

孩子大方有度，全在家长怎样教育。父母的态度和教育方式是决定孩子是大方还是小气的关键。无论你持什么态度，选择哪种教育方式，请不要忘记，在教育过程中要把幸福传递给孩子。

我有一个学生妮妮，今年7岁，刚上小学，长得白白净净，十分惹人喜欢。上学后，她很快就在学校交到了朋友，还常常和同楼的高年级同学一起玩。

起初，妈妈总会买些好吃的让她带到学校去吃，但妮妮吃得很快，妈妈担心女儿因为贪吃零食而不吃学校的午饭，就不再让她带零食到学校去，改成每天给她一点零花钱，让她自己购买零食。

一天，妈妈去接妮妮回家，看见她和两个同楼的高年级同学一人手里拿了一瓶可口可乐，那两个高年级同学笑嘻嘻地对妮妮妈妈说："阿姨，妮妮对我们可好了，每天都和我们分享好吃的。"妈妈这才明白，原来不是女儿贪吃，而是她太大方了。

妈妈回家问妮妮："为什么把东西都分给了别人？"妮妮理直气壮地说："她们吃了我的东西，就会跟我做朋友了！"

原来，妮妮认为自己的好人缘应该依靠物质来获得。

妈妈心想，现在女儿年龄小，分享的仅仅是零食，再大些恐怕就不仅仅是零食了，那时该拿她怎么办呢？

当孩子把零食分给同学吃、把零花钱分给好朋友花时，做家长的应当给予肯定和鼓励。但凡事都讲求一个度，如果像妮妮那样，当真是以送东西、给钱花作为结交朋友的方式时，就要注意了。

作为家长有必要严肃对待，问清原因，判断孩子过分大方的原因所在，并采取相应对策。总的来说，孩子过于大方的原因基本上只有几点：一是家长对孩子过度大方。比如，我家邻居过分疼爱孩子，看到好吃的好玩的都要给孩子买，生怕亏了自家孩子，孩子上学时也会主动塞给孩子零用钱。当孩子拥有得多了，难免会致使孩子过度大方，所以，家长在给予孩子物质或金钱时要适度，这样孩子才会懂得珍惜。

如果不想孩子过度大方，父母平时生活也不要太奢侈，杜绝铺张浪费。通常而言，勤俭持家的父母往往更容易教育出勤俭节约的孩子。

另外，孩子年龄小、缺乏生活经验，对物品价值的感受度很低，他不懂得从劳动中获得金钱的难处，自然也不懂得珍惜。你要告诉孩子，自己和其他叔叔阿姨一样，工作都很辛苦，给他的零花钱都是通过辛苦工作赚来的，孩子渐渐懂得了物质和金钱的价值，就不会再过度大方了。

上小学的孩子，对自己的关心程度远远超过对物质的关心，这是该年龄段孩子心理发育的正常表现。如果孩子仅仅是愿意与朋友分享，是真大方，父母不用过于担心，随着孩子年龄的增长，会慢慢对物质和金钱有概念，情况会有所好转的。孩子大方是件好事，大方的孩子将来步入社会后大多宽容大度，会得到领导的器重和同事的信赖，这是孩子一辈子的财富。

6. 教孩子学会"扛得起"

美国品德教育专家麦克唐纳曾经说过："能力不足，可用责任补；责任不够，能力无法补之；能力有限，而责任无限。"责任心，是一个人立足社会，在事业上获得成功的重要人格品质。在我的来访者中，有很多父母过多地将注意力放在孩子的智力发展上，对孩子责任心的培养却不太关注，这对孩子的心理成长是十分不利的。

一位退休的美国官员在回忆录里讲了一件童年往事：

"某天，我和自己的玩伴躲在一个老太太家的后院里，反复地向她家的房顶丢石头。我和玩伴觉得这样很有意思，玩得不亦乐乎。就在我们在兴头上的时候，一块石头砸到了老太太家的窗户上。就听得一声脆响，窗户上的玻璃'稀里哗啦'地掉下来了。我和玩伴一看不妙，像兔子一样飞奔而逃。

"从那个时候开始，我就一直坐立不安，害怕这件事被别人知道。

但很多天过去，老太太依然跟什么事都没有发生过一样，什么动静都没有。那时候，我经常靠送报纸来赚点零花钱。每次送报纸给她的时候，她还是笑眯眯地跟我打招呼，但我心底总是有隐隐的负疚感。

"在这种负疚感的折磨下，我决定将自己送报纸得来的零花钱攒起来，给老太太买个玻璃安起来。一个月之后，我终于攒够了买玻璃的钱。于是，我将这笔钱和一张道歉的纸条一起装在信封中，悄悄地放在她家的信箱中。在纸条上，我跟她解释了事情的经过，并且诚恳道歉，希望这笔钱可以补偿我的过失。

第二天，我给她送报纸的时候，终于可以坦然地看着她的眼睛，接受她给我的微笑了。她接过报纸后，递给我一袋饼干。当我回到家，拆开饼干袋的时候，才发现里面有个信封。信封里是我给她的那笔钱，和另外一张纸条，纸条上写着：我为你小小年纪就敢于负责任的品格而骄傲。"

这个自小有责任心的孩子，后来在风云变幻的美国政坛中大有作为。这与他在面临问题的时候勇于负责的品质有莫大的关系。

从儿童心理学层面上来说，孩子是否能给自己做主，为自己的行为负责，是衡量孩子是否有责任心的试金石。孩子因为年纪还小，缺乏经验和知识，在成长过程中难免会犯错。我家楼下有一户孩子，就经常闯祸。不是把人家的孩子打伤，就是将邻居家的花盆弄掉。我在楼上就常常听到楼下孩子父母的喊叫："你这个坏孩子！怎么总闯祸！"之后又催促孩子："还待在这里做什么！还不快回去！"结果，孩子什么责任都不用负，该吃吃，该玩玩。父母呢，又是点头又是哈腰地跟别人赔礼道歉。如果你也是这类父母中的一员，是否意识到，因为自己的"热心"，而剥夺了孩子负责任的机会，也失去了一次培养孩子责任心的机会。

而孩子没有责任心，在长大之后是很难成功的。作为父母，不要以为责任心是与生俱来的，不用教孩子，孩子也会。责任心是在长年累月的生活中，由父母言传身教影响孩子的，不管在何时何地，你都要学会在一点一滴的小事中培养孩子的责任心，让孩子学会承担，有一对"扛得起"的肩膀。

已经上学的孩子，自我认识的水平提高了，喜欢用各种方式来表达自己的看法。不要觉得孩子懂事了，就该说到做到，经常用"你"的句型来跟孩子说话，比如"你应该……""你必须……"，这种言辞容易让孩子产生反感，对孩子履行责任没有太大的帮助。但若是换成"我"的句型，比如"当……的时候，我认为……你觉得呢？""当……的时候"让孩子知道你发现了问题；"我认为……"让孩子知道你的想法；"你觉得呢？"让孩子说出意见，觉得自己是被尊重的，这样更容易唤起孩子的责任意识。

我有一个小访客跟我抱怨，她在家里总是喜欢将洋娃娃的衣服散落满地，妈妈总是训斥她："你怎么把玩具扔得到处都是，赶紧收拾好！"这位妈妈就使用了"你式"的句型，让孩子觉得不舒服。后来，我偷偷告诉孩子的妈妈，以后可以这么跟孩子说："东西乱乱的，妈妈觉得不舒服，我喜欢整洁一点哦。"慢慢地，孩子就知道妈妈这是在传达"想让我收拾玩具"的意思。但因为这不是妈妈直接命令的任务，而是她自己领会到的，所以在做的时候也就比较心甘情愿了。

孩子的品德是有发展顺序的，他得先学会对自己、对自己身边的人负责，然后才能学会对集体、对社会负责。不要光跟孩子讲负责任的大道理，应该多带孩子参加一些公益活动。我的一个访客，在我的建议下，经常带孩子看赈灾、助学、义演义卖的电视节目或新闻，并且详细地跟孩子说明这是怎么回事。后来，孩子自己就会主动地伸出自己的小手，来为公益事业画画、捐玩具等等，这些都很好地培养了孩子的责任感。

7. "吃苦情景剧"与挫折教育

对孩子来说，用正确的态度来面对成功与正视失败是同等重要的。在孩子成功的时候，适时地肯定孩子的努力，赞美孩子的努力，是很重要的。在这个过程中"你很努力"比"你最能干"管用。要让孩子明白：成功，代表着他拥有了一项技能，但失败，并不意味着这种技能的失去。只要用心，成功就在不远处。

闺蜜佳慧认为儿子涵涵太娇生惯养了，没有一点挫折承受能力，就给他报名参加了一个"吃苦夏令营"。在送涵涵去夏令营的当天，全家出动，跟送亲人去远征一样依依不舍地将孩子送上了"征途"。

在短短两个星期的夏令营活动中，涵涵平均每天会来3个电话，叫苦连天，抱怨不迭。佳慧听了很心疼，如坐针毡。好不容易熬到了夏令营结束，全家人又聚在社区外面，宛如迎接胜利归来的士兵一般将涵涵迎回了家中。

哪承想，涵涵回家之后，并没有像家人所想象的那样变得不再娇生惯养，反而变本加厉地衣来伸手，饭来张口。佳慧很不解地打电话问我："你说这吃苦夏令营，怎么就没有一点作用呢？"

近些年，我经常会在新闻媒体中看到一些问题青少年所导致的悲剧。在新闻的结尾，常常会有评论性的语句出现："现在的孩子承受力太差了，经不起一丝一毫的挫折"。这些挫折包括老师或父母的责备，考试成绩不理想，被同学排斥等等。甚至一句话，一个手势，都有可能引起孩子的极端行为。于是，有一个名词被提了出来：挫折教育。现在还有专门针对挫折教育的"吃苦夏令营"出现，其目的都是为了提高孩子的挫折承受能力。

然而，挫折承受能力是否真的可以通过人为制造苦难的情境来提高？

事情远远没有这么简单。

通常来说，参加"吃苦夏令营"，孩子事先就会做好充分的心理准备，并且在有团队合作，团队一起吃苦的情况下，大多数的孩子都是可以挺得过来的。这种经历或许对孩子面对困难的能力有一定的提高，但是挫折的情境是多种多样的，并且是无法被预知的。当孩子面临突如其来的打击，并且在精神上和身体上都处于极限的时候；当孩子不被接纳也不被理解的时候，这种"吃苦夏令营"就失去了它原本的意义。

挫折教育，其实就是抗挫折能力的教育。人为地制造情境来让孩子吃苦，并非是挫折教育的最终目的。父母最应该做的，是让孩子接受科学的心理教育，挫折教育应该贯穿于孩子成长的始终，而不是仅仅靠吃几天的苦来解决问题。

面对人生中的逆境，人既要有耐挫折的能力，也应该有排挫折的能力。相较于挫折教育，心理学上更提倡的是"压弹"教育，来促进孩子的心理成长和人格完善。

压弹是国际心理学上兴起的一个全新的概念，原本是一个物理学的概念，泛指物体在接受压力的时候会出现的反弹。运用到心理学领域上，有人将之翻译为"抗逆"或者"反弹"。这个概念很好地表达了人在遭受到生活的压力和挫折时候的抗耐能力，也就是反弹能力。简单来说，压弹就是个人面对现实生活中的悲剧、伤痛、逆境、威胁及其他的不良情境时候，能够很快适应并且做出回应的能力。换句话来说，这种能力代表了一个人面对生活中的逆境，他的耐挫折能力和排挫折能力的高低。

最近，心理学研究上还有一个"挫折承受力"的概念，叫作人的"抗逆力"。心理学家在做了大量研究后发现，一个人的抗逆力至少包括了四个方面的元素：

1. 良好的自我形象，包括接受自己、了解自己，有自尊，有自信。

2. 有归属感，可以从别人那里得到支援和理解。

3. 有一定的处理问题的能力，可以有效地解决生活中遇到的困难。

4. 保持对生活乐观积极的态度，在挫折中也可以看到希望。

由此可见，一个人的挫折承受力包含的因素很复杂，不是仅仅让孩子吃些肉体上的苦，受些累就可以短期内培养起来的。相同强度的挫折，为什么有些人可以顺利度过，有些人却挺不过来。顺利度过的人不一定过去就吃了很多的苦，挺不过来的人也未必就一点苦都没有吃过。在这种差异的背后，真正在起作用的其实是一个人的心理素质。

一样是考试失利，那些心理健康的孩子，敢于将自己的负面情绪表达出来，可以找到人来分担自己的忧愁；乐观的孩子，虽然偶尔也会情绪低落，却很少会做出极端的行为；而那些不接受自己的样子，没人倾诉，没有归属感，又不懂得如何改变现状的孩子，很容易就会在挫折面前感觉到绝望，从而做出让人心痛不已的决定。

当今社会是一个充满了挑战和风险的社会，我们的孩子随时都有可能面临着挫折。在这种情况下，爸爸妈妈除了培养孩子的挫折承受能力，还有一个重要任务就是培养孩子遭受挫折之后的自我恢复能力。积极乐观的孩子并不是没有痛苦，但他们可以很快从痛苦当中解脱出来，重新振作精神面对生活。因此，爸爸妈妈应该认真地培养孩子"于黑暗中看到光明"的技巧。在这一点上，大人自己对待生活的态度在很大程度上影响到孩子的挫折恢复能力。

悲悲切切、斤斤计较、患得患失的父母常常会教导出同样性格的孩子。家长是孩子的精神支柱，因此不要小看任何生活中的小事。好的家庭教育应该是让孩子在潜移默化中学习心胸如海，而不是在一点一滴的灌输中学会计较一时的得失。没有一个孩子是可以毫无挫折地长大的，也没有一个孩子不用面对挫折。生活本身就是挫折最好的讲堂。培养孩子的抗挫折能力，绝对不是一时之功，而是要从身边的小事中教育孩子。

若父母永远将孩子放在自己的羽翼之下，帮孩子抵挡所有的风雨，那么他就永远学不会如何独自面对暴风雨。

孩子的抗挫折能力和耐挫折能力有很大一部分来自于他的自信心和成就感。这种自信心来自于父母对他的支援和重视。因此，你要让孩子了解：放手去做，即便失败了还有爸爸妈妈陪着他。孩子不可能是完美无缺的，但也不可能是一无是处的。我们要做的，就是努力找寻孩子所擅长的事情，并且对此给予鼓励。在某个方面有足够的天分和自信，可以帮助孩子更好地面对来自其他方面的挫折和不足。

8. 爱做家务比不爱做家务的孩子更优秀

当孩子有进步时，适当给予物质奖励是可以的，但随着孩子进步越来越大，要适当减少物质奖励的次数。物质奖励只是激励孩子坚持做家务的手段，有时，给孩子一个微笑或拥抱或一声"谢谢"也是很好的奖励，同样会满足孩子的成就感。

我有一个家长访客，说自己的儿子奇奇自从上了小学后，一改在幼儿园培养的自己叠被子、洗袜子的好习惯，也不再主动要求洗碗、扫地和拖地，总之，他成了一切家务的"绝缘体"。

为了让奇奇重新"拾起"曾经的好习惯，培养他独立的个性和良好的生活习惯，奇奇爸妈想了一个好办法。奇奇坚持做一天家务，就付给他相应的报酬，这笔收入随他支配。奇奇特别喜欢赛车模型，为了心爱的赛车模型，奇奇果然变得"勤劳"起来，奇奇爸妈为此特别高兴。

但是问题也随之而来，一次奇奇爸爸出差，奇奇妈妈发烧了，病中的她拖着沉重的身体给奇奇做了他最爱吃的鸡蛋西红柿，炒菜时晕晕沉沉的她把盐当成糖放了进去，结果成了咸蛋西红柿。奇奇特别生气，那天他拒绝洗碗，出去玩了一下午，这让奇奇妈妈的心里特别难受。都说养儿防老，自己只是希望在自己生病时，儿子可以主动承担些家务，替自己分忧解难，没想到儿子会这样。以前自己生病时，奇奇还会为自己掖掖被角，这次是不是做家务付报酬的方法使他变得"势利"了呢？

奇奇妈妈问我，以后她还要不要坚持做家务付报酬的办法，如果不坚持，奇奇会不会因此而"记恨"她？

很多家长让孩子承担家务的原因，的确如奇奇妈妈一样，是为了培养孩子的独立个性，养成良好的生活习惯，并不是真的想让孩子这么小的年纪就成为做家务的"主力军"。前些日子，我的一个学生提交的毕业论文，刚好需要用到小学生做家务的相关资料，不看不知道，一看吓一跳，现在的小学生，多半都是像奇奇这种情况。

下面，我把相关资料和大家分享下：

美国哈佛大学的一些社会学家和儿童教育专家对波士顿地区部分儿童做了长达20年的跟踪调查，发现爱做家务和不爱做家务的孩子长大后的失业率为1∶15，犯罪率为1∶10，平均收入高出近20%左右，同时，离婚率和心理疾病患病率也普遍偏低。最后，得出爱做家务会使孩子长大后生活更幸福的结论。

在国内的调查中，目前，约65%的小学生认为做家务对自己的成长有帮助，并且很有兴趣做家务，其中少数还擅长烹饪西点，早餐的面包、饼干都是自己动手制作的；约20%的小学生认为做家务是一件有意义的事，但对做家务没有一点兴趣；约15%的小学生认为做家务既耽误休息又耽误学习，自己不会去做家务，甚至有少数小学生认为做家务是一件傻事。

约有9%的小学生每天做5分钟家务，包括叠被子、洗袜子等；约35%的小学生每天做10分钟家务，多为洗碗；约35%的小学生每天做30分钟家务，有的整理衣柜和书架、有的自己整理书包、有的拖地扫地；剩下的约21%的小学生则从来没有做过家务。

以上是单一城市的参考资料，在寻找资料的过程中，我的学生通过计算得出，将全小学学生的劳动总量取一平均值，仅为每人每天1分钟12秒。他们多数认为长大后会从事文艺、科研等相关工作，劳动不会对自身成长起到任何帮助作用，因为长大后，自己既不想做农民也不想做工人。

孩子有这种想法，必然和父母"望子成龙"的观念有关。很多家长认为，成功必备的要素是掌握过硬的知识，但在实际工作中，如果没有对劳动的认知，很难理论联系实际，最终取得成就。想让孩子成功的父母，应该让孩子多承担些家务，灌输正确的劳动理念给孩子。做家务付报酬未尝不是一个好办法，至少这个办法让孩子比其他孩子会做家务，懂得劳动。但是在这个过程中，给孩子报酬，把劳动与金钱挂钩只会使孩子为了钱而工作，和我们很多人每天机械般重复工作一样，感受不到做家务时本应感到的被需要感和集体观，如此做家务，徒劳无用，很可能会滋长孩子的"金钱至上"心理。

要想给孩子养成适当做家务的习惯，我们该怎么做呢？

首先，做到不溺爱孩子，在做家务方面给孩子树立榜样，适当放手让孩子做点力所能及的家务活。让孩子明白他在家庭中不是"小皇帝"，而与爸爸妈妈一样是家庭中的成员，有着自己应尽的责任和义务。

其次，在孩子做家务的过程中，如果遇到困难，要及时给予孩子帮助，并不断鼓励孩子，让孩子明确你让他做家务并不是不爱他，而是因为你不能陪伴他一辈子，希望看到他具备自理自立的能力。要避免孩子产生"为什么别的同学在家里就可以不做家务，我却必须做"的想法。

最后，还要和老师沟通，请老师安排孩子在班集体中分担具体事务，做值日就是不错的选择。让孩子在家庭之外的集体中体会到责任的重要性，回家之后更理解父母工作一天的辛苦，从而主动帮大人分担家务。

在此过程中，如果孩子有进步，父母应当及时奖励，给孩子买课外书、益智玩具、漂亮的文具，但不要付报酬，否则很容易前功尽弃。非但没有让孩子懂得责任的重要性，树立责任心，反而让孩子认为要劳动就必须取得报酬，渐渐对亲情、友情和社会责任淡漠起来。

9. 嫉妒让孩子一直活在不愉快中

　　嫉妒心强的孩子会过分自信，甚至自大。时间久了之后又容易产生自卑，甚至可能会采取不正当的手段去伤害别人，使自己陷入更恶劣的处境。由于对自己和别人的认识过于主观和偏激，所以，有嫉妒心的孩子在发展内省智慧方面将会困难重重。

　　所以说，嫉妒心不容小觑，它是孩子各项智慧发展道路上的一块大绊脚石。

　　同事所带的班级里有一个小朋友叫佩佩，从小聪明伶俐，招人喜欢，是在鼓励声和赞叹声中成长起来的。渐渐的，佩佩变得争强好胜，不容许自己有一点不如别人的地方。小小年纪的佩佩很注重自己的外貌，喜欢精心打扮自己，并且总是要跟别的女生比较。一旦发现有比自己聪明漂亮的同学，就会不自觉地敌视对方。

　　有一次，一位女同学穿了一条很漂亮的裙子，同学们都啧啧称赞。

佩佩却不高兴了，暗暗嫉妒那位女同学，还在背后说人家的坏话。在学习上，如果有其他的同学比她考更高分，她也会心里不舒服，会在别的同学面前说对方事先知道考试题，或者人家是纯粹碰运气的。最让佩佩纠结不已的是，她的"死对头"小雅居然在班长竞选的时候票数超过她，当选了班内的正班长，而她却退居二线变成了副班长。为此佩佩坐立难安，妒火中烧。在连续失眠了好几个夜晚之后，她居然做出一个可怕的决定：把妈妈平常因为失眠而服用的安眠药带到学校，趁别人不注意，给小雅的水壶放安眠药，想以此来影响小雅的注意力。幸好放的量不大，及时被发现，没有造成严重的后果。

嫉妒的情绪人人都有，适度的嫉妒也无伤大雅，但是过分的嫉妒却对人的心理有很大伤害。它会让人无法客观地评价自己和他人，从而导致对自己的高估和对别人的贬低。嫉妒容易使人在与别人交往的时候，掌握不好合适的分寸。并且嫉妒这种不良的情绪，是引起人的心理失衡，造成心灵痛苦的根源之一。

我们仔细留意孩子就会发现，在孩子1岁半到2岁的时候，就已经有明显的嫉妒表现。一开始，孩子的嫉妒多与妈妈有关。如果妈妈的注意力没有在自己身上，而转移到别人身上，孩子就会用攻击的形式来表达对其他人的不满和嫉妒。比如，当你抱着别人家的小孩，你家宝贝就有可能会跑过来，挠挠他的脚，抓抓他的脑袋，想把对方给支开。这是孩子最经常出现的嫉妒。

上了幼儿园，孩子嫉妒的"机会"就更多了，嫉妒的表现形式也变得"多种多样"。比如，如果老师特别偏爱一个孩子，其他的孩子就有可能故意将他的东西藏起来或者破坏他的玩具；又比如在上课的时候，如果老师夸奖其中的一个孩子，嫉妒心重的孩子也可能会举手大嚷："我也会，为什么只夸他！"

我们应该承认，嫉妒之心，人皆有之。但是如何正确地疏导孩子的负面情绪，让孩子以正确的心态来对待比自己强的人，是爸爸妈妈们必须关注也必须面对的问题。

孩子嫉妒心理和嫉妒行为的产生，虽说原因有很多，但是从根源上讲，是孩子自身的消极因素和外部环境的消极因素相互作用、相互影响所产生的。

帮助孩子提高自我认知水平，发展孩子的内省智慧，是克服嫉妒心理的基本途径之一，同时也是治标的方法。有些爸妈一旦发现孩子嫉妒心强，就很生气，故意在他面前说："××比你强多了，你应该向他学习。"但是这样做只能加深孩子的嫉妒心，使他对××怀有敌意。正确的做法应该是，爸妈首先跟孩子讲清每个人都有长处和不足，也可以先拿自己做例子，帮助孩子正确认识自己，学会客观地评价自我、评价别人。

自我认知能力较强的孩子，也比较容易培养移情能力。移情（empathy），简单地讲，就是能设身处地为别人着想。移情能力，是孩子心理成熟的重要标志，只有心理成熟才会自我排解嫉妒心理。

当孩子一个人看动画片的时候，会被剧情感动得哭了。这说明，他已经会站在剧中人物的角度想问题。但看到妈妈抱别的小朋友，他就嫉妒得不得了。这又说明，他的移情能力还比较弱。

增强孩子的移情能力，就会很好地克服他的嫉妒心理。

孩子喜欢被表扬、被鼓励，我也一直告诉家长朋友们，孩子做对了事情要及时予以赞赏。适当的表扬，可以强化孩子的优点，提升孩子的自信，让孩子在鼓励中不断进步。但是如果表扬不当或过度表扬，就有可能让孩子产生自满心理，觉得谁都不如自己。在这种情况下，有比他更优秀的人出现的时候，他在心理上就比较难以接受。

这是因为孩子年纪还小，自我意识刚刚萌芽，还学不会全面地看待问题，无法客观地评价自己和别人。这个时候，孩子是以大人对自己的评价为标准的，因此爸爸妈妈对孩子的客观评价尤其重要，不要因为宠孩子就夸大孩子的能力和品德，让孩子对自己产生认知上的误区。在适当的时候，父母还要以适当的方式指出孩子的短处和缺点，让孩子清楚人人都有优点的一面，也有弱点的一面。对待比自己强的人，要学习对方的优点，而不是以嫉妒待之。

若你发现自家孩子在某方面不如别的孩子，不要当着别人的面指责孩子能力不够，而是要通过帮助孩子提高这方面的能力，来增强孩子的自信。若情况允许，还可以让一个能力比孩子高的人来帮助孩子做好某件事。这样既可以让孩子在做事的过程中学习，同时孩子与孩子之间的友好互动也是帮助孩子克服嫉妒的良方。

嫉妒心理比较重的孩子，通常是有一定能力的孩子。正是因为孩子能力比一般孩子强一些，却被别人抢走注意力，没有受到表扬，所以才会对那些受到注意和表扬的孩子产生嫉妒心理。因此，我们在纠正孩子的嫉妒心理的同时，还要重视孩子的谦虚教育。应该让孩子了解到，即便没有人为他鼓掌，他的优点也不会消失。只有持续地保持自己的优势，又虚心向那些比较能力强的人学习，他的能力才会不断提升，才会在日后获得大家的喜爱和肯定。

10．抢别人东西的背后故事

孩子犯错，身为家长也有责任。当孩子抢了同学的东西时，有必要主动带孩子将物品归还，和孩子一起向对方道歉，让孩子深刻认识到自己的行为是错误的。给孩子正确的导向很关键，这种方式要好过直接斥责孩子。

洋洋的妈妈带着洋洋来找我。洋洋从小就特别让爸妈省心，爸妈也因此可以把更多的时间和精力用在工作中。今年 9 月入学后，洋洋在班里学习成绩名列前茅，开家长会时洋洋妈妈觉得很有面子。

家长会后，班主任单独找洋洋妈妈谈了话，对洋洋妈妈说洋洋虽然成绩很好，但在班里很霸道。吃营养餐时，一定要吃最大的鸡蛋，吃不到时，他就强迫同学和他换，有一次因为一个女同学不和他换，他就去揪女同学的辫子，把人家弄哭了。

洋洋妈妈很生气，回家后，严厉批评了洋洋。洋洋从小没被妈妈这么教育过，这次吓坏了，但是小家伙还很不服气，一边往墙角缩一边对妈妈说："妈妈，你不是一直都说我最乖了吗？怎么对我这么凶？"

洋洋妈妈想：是呀，想想孩子真没让自己操过什么心，怎么入学后就去抢同学的东西呢？面对不服气的洋洋，妈妈实在头痛不已，就把他带到我这里来了。

我是一位儿童心理工作者，也有过为人师的经历。在长期观察之后我发现，孩子"抢东西"的行为往往是基于"英雄主义"情节。每一个孩子的天性中都有"英雄"情节，在孩子的眼中，英雄绝不是成人眼中的伸张正义、英勇不屈的理想人物，而是力量大的，让被欺负的人都不敢言语的人。所以，当班里出现了性格软弱的同学时，有英雄情结的孩子就找到了一个可以树立英雄形象的绝好机会——抢他的东西。

我问过几个"惯犯"孩子为什么要一而再，再而三地抢同一个同学的东西，他们的回答非常一致："他好欺负。"

每个人年少时都曾有过英雄情结，父母要对孩子表示尊重和理解，在此基础上，为孩子树立正确的英雄主义观念。告诉孩子欺负弱小是英雄所不齿的行为，引导孩子关注活跃在科学界、文化界以及平凡生活中的英雄，开阔孩子的眼界，让他能有所比较，这样才能使孩子主动改正错误。

孩子刚刚步入到社会的大集体——学校中，他们的自我意识和独立性有了提高。此时的孩子，既有模仿性，又想摆脱束缚，同时特别喜欢被关注的感觉。有些孩子在经过家长的教育之后，知道抢同学东西这种行为是不正确的，却因为想要被老师和同学关注，而不断地重复犯错误。有些比较没有耐心的父母，对待孩子的这种"强盗"行为，总是以棍棒教育待之。适当的打骂会加深孩子对错误的认识，但一定要掌握好分寸，而且这种方式不太适用于比较乖巧的孩子，尤其是女孩子。这样孩子不但会记不住，反而会使得孩子对父母产生惧怕心理，到青春期时，这种惧怕心理会渐渐演变为叛逆心理，后果非常严重。

在国外，有一种教育方法叫作"隔离法"，被称为 time out。即在矫正孩子不良行为方面，隔离法往往比打骂更有效。当孩子再抢同学东西时，可以让老师暂时将孩子隔离出教室，传达给孩子"抢东西是不对的，所以我不再对你关注，你必须冷静思考，认识到错误的严重性后，才能重新获得我的关注"的信息。

家长要配合老师，在老师减少对孩子关注的同时，要及时"接替"老师，关注孩子的进步。当孩子对错误有了正确的认识，愿意主动改正时，会表现得越来越好。这时用表扬的方式对孩子的进步表示肯定，不但可以稳定孩子想要进步的心情，还可以帮助孩子树立正确的是非观念。

11．如何看待"名牌情结"？

单就名牌而言，有条件的家庭自然可以为孩子购买。但要适量购买，杜绝浪费，这样既能提高孩子的审美观，又能帮助孩子自我发展。如果没有条件，孩子在社会的大环境下"不得不"追求名牌，我们也要应对有方，将孩子的负性攀比心理引导成正性攀比心理，使孩子无论穷教还是富养，都能健康成长。

灿灿家的社区里开了一家平价服装店，专卖亲子装。尽管不是名牌，但看起来很漂亮，更让人惊喜的是，这家小店还有亲子鞋，款式很多，每一种都很漂亮。

灿灿的妈妈打算买一套亲子鞋，全家人都穿一样的，结果灿灿小脸一歪，对妈妈说："妈妈，这鞋子不是名牌，我不穿，要穿你和爸爸穿。"

听灿灿的意思，大概是非名牌不买了，灿灿妈妈刚想对灿灿发脾气，灿灿的爸爸说："名牌鞋安全系数高，灿灿正是爱活动的年纪，就买名牌吧。"

做父母的，都希望给孩子吃好穿好，可是灿灿的妈妈十分担心灿灿有"名牌"情结，毕竟家里并非大富大贵，什么都买名牌也承受不起。为此，她十分纠结，自己究竟要不要继续给灿灿买名牌鞋呢?

疼爱孩子，无可厚非。试问天下父母，谁不想把最好的给孩子? 如果家庭经济条件允许，可以为孩子选购名牌商品。但是穿惯名牌的孩子大多因为其强烈的"品牌意识"，非名牌不穿，滋生不必要的虚荣心和攀比心，可能会影响孩子的心理健康，甚至影响孩子的学习成绩。

大部分反对给孩子购买名牌的家长，都担心因此而助长孩子的攀比心理。

攀比心理有正性攀比和负性攀比两类:

正性攀比是具有积极意义的攀比，具有正性攀比心理的孩子可以在理性意识的驱使下产生竞争欲望，正当参与竞争，同时具备克服困难的动力。

负性攀比则相对消极并带有一定惰性，一味沉溺于攀比，对自身和周围环境理性分析的缺乏使孩子由攀比产生繁重的精神压力，同时陷入思维死角，对自身价值进行否定，追求名牌就是负性攀比的明显表现。

在孩子的攀比心理不严重时，我们要找到导致孩子产生负性攀比心理的成因，有理有据地引导孩子"走向"正性攀比。有时，孩子向我们要名牌可能仅仅是因为他自信心不足，希望通过"名牌"弥补不足，也有的孩子是性格敏感所致，当这类孩子看到同学受到老师的表扬和其他同学的喜爱时，认为自己不如别人，心理不平衡，试图用"名牌"提升优越感。对这类孩子，我们要和老师多沟通，请老师和我们一起多表扬和认同，增强孩子的自信心、提升孩子的优越感，千万不要强硬拒绝孩子的要求，加重孩子的负性攀比心理。

当下电视广告和网络传播对名牌的宣传力度很大，有些家长本身也追名牌，用名牌来凸显身份、地位和财富，这些都对孩子造成了很大的影响。只有家长以身作则，平时合理消费，不铺张浪费，引导孩子树立"适合自己的才是最好的"观念，才能从根本上杜绝孩子产生负性攀比心理。家长可以在日常生活中给孩子透个"家底"，让孩子了解"家情"；在孩子出现追名牌的苗头的时候，不妨让孩子了解家庭的实际收入；平时去超市时让孩子帮忙选购食品和日常用品，如果贵了就让孩子放回货架，让孩子了解家庭消费实力。

另外，在平时和孩子聊天时，也要灌输给孩子内在美比外在美更重要的观念，让孩子明白学生最重要的任务是学习，不是攀比和消费。

我有一个朋友家的孩子在私立学校读书，学校要求孩子每天带上保鲜盒，里面装好切好的水果，午休时吃。

一天，孩子对妈妈说："妈妈，今天明明带了进口蛇果，明天你也给我带进口蛇果好不好？"妈妈点点头同意了。

第二天放学，孩子说进口蛇果很好吃，要求妈妈天天给他带。妈妈想答应，又怕养成孩子的攀比习惯，就跑来问我。我给她出了一个主意，让她先拒绝孩子的要求，并对孩子说："只有你考到好成绩时，才能带进口蛇果。"这之后的考试中，孩子果然考了好成绩，孩子妈妈也没有食言，给孩子带了进口蛇果。

我这个朋友做得很好。第一次答应孩子是因为她知道孩子只是看同学吃，自己没有吃所以才提出要求；第二次拒绝孩子是因为担心孩子因此而产生负性攀比心理，通过延迟满足的方式引导孩子往正性攀比发展。

我相信，除了延迟满足这种方式，还有其他方式可以起到良好的引导作用，帮助孩子进步，每个孩子的性格不同，家长们一定要根据孩子的综合情况慢慢摸索，寻找出最适合有有效的方法。

12. 尊重人性还是尊重规章制度？

孩子如果遇到困难，比如在学习上或是家庭感情方面受到挫折时，为了摆脱感情创伤，就会从异性同学那里获得感情补偿。例如，成绩不好的孩子，有"男女朋友"会让他们觉得自己虽然成绩不如别人，但是情感上却胜出一筹，这也是一种心理平衡和安慰。对于这样的孩子，家长找到孩子受挫情绪的来源，并给予针对性的帮助才是根本。

我曾为一台晚会招募过一些小演员，其中有个小女孩叫乐乐，上小学 3 年级，皮肤白白的，眼睛大大的，和漫画里的小女孩如出一辙，特别招人喜欢，表演能力也很出众。前些日子，乐乐妈妈告诉我，乐乐被学校选为代表参加区集体舞大赛，起初乐乐很高兴，每天都早起一个小时到学校参加集体舞的排练，但渐渐地，乐乐越来越不愿意参加排练了。

乐乐妈妈问乐乐为什么，小家伙一脸委屈："妈妈我不想再跳集体舞了，学校规定不许和异性同学有过密的交往，可是跳集体舞，是要拉男同学手的，我不想跳了。"同时，乐乐还央求妈妈出面和老师沟通，让她退出参赛团队。

乐乐妈妈看过很多教育文章，写的都是异性交往带来的不良后果，乐乐"主动避嫌"的想法她很高兴，但又担心，乐乐是不是对男女关系过于紧张了些？她询问我的是，在成长的过程中，如果缺失异性朋友，会不会造成乐乐成人后仍不会与异性相处呢？

很多父母都会有这样的疑问，孩子没有早恋当然是好事，但过于回避异性是否也不正常？在学校工作的那几年，我在放学的时候经常看到很多孩子不愿意遵守学校的规定和异性同学手牵手过马路，有些"聪明"的孩子甚至让异性同学牵着衣袖过马路。因为这个年龄段的孩子开始懂得害羞，常常刻意与异性同学保持距离。老师没有办法深管，这是孩子成长的一种表现。

小学阶段正是孩子特别需要被人理解的时候，高年级的孩子还有谋求人格独立的倾向。在学习和生活中，孩子的欢乐苦恼、成功得失肯定不可能完全向父母和老师倾诉，就算有条件倾诉，也可能不被理解，得不到真正想要的帮助。因此，此时的孩子渴望在同龄人中寻求理解帮助，异性之间交往会成为一种必然现象。而异性同学间的交往，会给孩子带来很大的帮助。在同等智力水平下，女孩擅长具体形象思维，在作文构思和词汇运用中有优势，男孩则擅长抽象逻辑思维，在解答数学题中有优势，与异性同学相互交流学习，很容易取得进步。加之每个孩子的个性都不尽相同，只有认识到每种个性的优点和弱点，才能使孩子有选择性的塑造对自己最为有利的性格，坚定个人意志。异性同学的个性差异远大于同性同学间的差异，可以有力推动这一进程。而且，正常的异性交往经验可以使孩子在成年后正确区分友谊和爱情，更为稳妥地把握好感情，拥有幸福婚姻。

所以，无论是学校还是家长，都应当允许孩子与异性同学有正常交往，如果一味禁止防范，还可能会使孩子增强对异性的好奇心和神秘感，年龄大些会因此而产生逆反心理，成为促使纯真友谊发展为早恋的催化剂。

据我所知，现在大部分小学高年级都开设了生理卫生课和心理卫生课，我还有幸旁听过一所名校的心理卫生课程，碰巧那堂课的主题就是异性同学交往。同学们热烈讨论了男女同学在一起应该怎样互帮互助，把握交往尺度，培养异性友谊这三个话题。课堂上，学生非常活跃，教学成果很明显，下课铃一响，男女同学就三三两两结伴打水、游戏了。

但旁听的部分家长却不理解，甚至表示反对，认为孩子在以后的生活中会对性有着自然而然的了解，怎么与异性交往这种话题放到课堂似乎有些不合适，稍有不慎就会引发孩子胡思乱想甚至尝试，非常危险。

其实部分学校和大多数家长反对异性交往的重要原因之一就是担心发生早恋现象，现在的孩子大部分都是独生子女，自我感觉良好，自尊心强，一旦发生早恋，是非常难管的。但如果只是因为难管就采取禁止的态度，会造成孩子在成长过程中的遗憾。

写到这里，我想起刚刚在网上看到的新闻，一个小学男生当街向一个扎马尾辫的女生宣读情书并下跪求爱，在路边行人的纷纷侧目中，表现得非常淡定。网友感叹，这么小的孩子都会求爱了，让大人情何以堪？

小学5、6年级是孩子成长的过渡期，这段时间孩子的身高和体重都迅速增长，开始具备独立性思维，但同时又有较多的片面性和主观性，所以这个阶段的孩子往往精力旺盛，情感冲动，不懂克制。如果过多限制，很容易发生心理问题。因此，家长要密切关注孩子的心理，尤其是与异性交往方面，既不能过于疏远又不能过于密切，一旦有过于密切的异性交往，要根据孩子的自身情况，正确处理。要尽量全面地了解真实情况，不要听老师和同学一面之词，首先要做到的就是相信自己的孩子。如果孩子与异性同学间的确是正常交往，我们要安慰被"流言蜚语"中伤的孩子，帮助孩子度过心理疗伤期；如果经过引导，孩子承认确实对异性同学存有某种想法，就要进行下一步行动了。

古时女子 13 岁行及笄礼，之后便可接受男方聘礼出嫁，小学高年级的学生有青梅竹马的感情是比较正常的，但如果把这种感情发展成为"下跪求爱"就不正常了，我们必须要关注其中的度。作为家长，平时要和孩子保持良好互动，相互之间建立信任，既是家长又是朋友，可以倾心交谈，这样会比较容易引导交往过度的孩子走出迷潭，千万不要采取强制的态度，这样很容易引起孩子的反感。

最后，要给孩子时间，让孩子独立处理，这不仅仅是相信孩子，更是承认孩子具备独立性的第一步，对孩子的心理成长有非同小可的意义。如果孩子不能很好地处理时，可以帮孩子出主意，除非孩子要求我们"出山"，父母才要考虑亲自出面解决，或和对方家长沟通，或寻求班主任老师的帮助，但我相信大部分孩子都不会对我们提出类似要求。

13. 让你的孩子说到做到

孩子是一张白纸，诚信是白纸上重要的一笔。为人父母，不要小看了你的影响力，培养孩子的诚信质量，对他今后的发展至关重要。

我有一个家长访客，因自己为孩子做得不好而懊恼不已。为什么呢？原来在她的大力支持下，女儿乔乔收集了一整套三国演义的图片。这些图片是好不容易才集齐的，每张图片的背后都有一个相关的故事。乔乔妈妈想要通过这些图片来让乔乔一点一点了解三国演义里的人物。

某天，乔乔的好朋友莉莉来家里玩，两个人一起看了三国演义里的图片。莉莉很喜欢乔乔的图片，但短短的时间根本看不完。无奈之下，莉莉询问乔乔："乔乔，明天去幼儿园的时候，把这些图片带上，借我看看好不好？"乔乔很痛快地答应了莉莉。

但是第二天，乔乔妈妈却禁止乔乔把图片带出门。她觉得图片收集不容易，怕在学校弄丢了。但乔乔因为答应莉莉，所以一定要带。乔乔妈妈说："你就告诉她你忘了带，没关系的。"乔乔一想也是，就直接去幼儿园了。

让乔乔妈妈想不到的是，乔乔自从这次之后，就变得经常性地言而无信。她总是在答应小朋友某件事之后，又以各种理由反悔。老师总是会接到别的小朋友告状，然后转达给了乔乔妈妈。直到这个时候，乔乔妈妈才醒悟过来，仅仅一次的教育失误，就会在孩子身上起到这么长时间的不良影响，她不知道要如何重新让孩子做一个诚信的人。

老子曾经说过："轻诺必寡信。"意思是说，轻易地答应别人某件事情，就一定没有足够的信用去做到。要如何遵守承诺呢？就是在答应别人之前，一定要谨慎斟酌自己是否做得到；一旦答应之后，就要千方百计去达成。这样才不至于失信于人，才能得到别人的信任。

造成孩子不守信用有很多原因，比如故事中的乔乔，就是因为妈妈的错误教育造成的。妈妈担心丢东西，就让乔乔违背承诺，以谎言的方式推脱承诺。因为孩子没有足够的独立思考能力，只能按照妈妈的要求去做。大人是孩子模仿的对象，久而久之，乔乔自然也就有样学样，养成了不讲信用的习惯。

有些孩子不守信用，是基于虚荣心的驱使，喜欢信口开河，讲大话，其实并没有实现承诺的资本。比如，有些孩子会告诉别的小朋友，他的爸爸最近刚给他买了一个高档的玩具，别的小朋友希望可以玩玩，为了面子，孩子就会随口答应。但事实上并没有玩具，孩子自然拿不出手，承诺也就无法兑现，不守信用的事自然也就发生了；还有一些孩子得失心太重，当他对别人承诺了某件事之后，又担心自己的利益会受到损失，也就不愿意遵守承诺了。比如乔乔，之所以不守信用，也有害怕图片丢失的顾虑在里面。

　　作为与孩子最亲密的人，爸爸妈妈应该给孩子树立诚信的榜样。从自身做起，谨慎注意自己的一言一行，以言传身教的方式来影响孩子。

14．帮助孩子控制和疏导情绪

人们常说："冲动是魔鬼"，情绪对一个人的人生影响极大，想要让孩子日后有好的发展，就要培养孩子做自己情绪的真正主人，懂得控制自己的情绪，支配自己的情绪，并且根据不同的情况来调整自己的行为。

若男是个暴脾气的女孩子。有一次骑车放学回家的路上，和另外一个骑车的同学发生冲撞，性格冲动的若男当即就跟对方吵起来。回家之后，若男仍然怒火高涨，跟谁说话都是气鼓鼓的，不是摔门，就是摔书。爸爸原本体谅她的心情，想着她发泄一下就过去了，谁知道若男越发过分，吃饭的时候没说几句话，连碗都摔了。若男爸爸顿时就火了，指着若男骂道："碗是用来吃饭的，不是用来摔的！在外面受了气，回来给爸妈脸色看，简直太过分了！"若男这才收敛了一些，放下筷子，把自己关在房间里，谁也不理。第二天仍旧余怒未消，在学校看见同学也是脸色不好，仿佛谁都欠了钱她一样。

在生活中，孩子在遇到不如意之事的时候往往不懂得控制自己的情绪，会以比较直接的方式发泄暴躁的情绪。有些家长对待孩子的这种情绪，往往不能理解，时常会用恐吓和暴力来阻止孩子的情绪发泄。

如若男一样，坏脾气的孩子有很多，情绪发泄的次数也可能比较频繁。耐性比较差的父母可能难以忍受，时间长了就容易造成亲子之间在感情上的冲突。其结果往往是父母的后发情绪占据上风，导致孩子的情绪既无法发泄，也得不到缓解。父母的这种行为不利于孩子自控能力的培养，还容易让孩子的负面情绪逐渐堆积，造成心理上的抑郁。

这就需要父母教孩子学会自控。自控力可以让孩子在危机四伏的环境中镇定自若，自主调节情绪，调整行为，让孩子坚持自己的原则，懂得比发脾气更重要的事是什么。现在的孩子面临困境的机会不多，但在成长过程中仍然会遇到一些不公平、冲突、陷阱。在孩子遭遇到这些情况的时候，往往会在内心产生种种不满和激动的情绪。

这时候，就需要通过一些渠道发泄出来。当孩子觉得在自己家人面前发泄是最安全的时候，就会无法控制住脾气。若是家长都无法控制自己的脾气，反而企图通过"镇压"来控制孩子的情绪，如此下来不但不利于孩子自控能力的培养，反而会让孩子的自控力越来越差。

所以，当孩子因为愤怒和委屈而宣泄自己情绪的时候，不要以"堵塞"的方式去控制孩子的发泄渠道，而是要让孩子在发泄的过程中学会如何控制自己的情绪。

孩子在发火时，爸爸妈妈应该告诉孩子，你可以生气，但是不可以伤害别人或者毁坏东西，把孩子带出那种"一触即发"的环境，并试着分散他的注意力。如果这样做，孩子还是沉浸在坏情绪里，建议暂时不要理睬孩子，让孩子明白你不会被他的怒气所控制。

父母也可以教孩子一些消除压力和怒气的办法。比如：到操场去打篮球，和小宠物玩一会，或者拍一张孩子生气时的照片给他看，转移他的注意力。

心理学家建议，父母要充满幽默感，放弃那种想要全面控制孩子情绪的打算。当然，也可以制定一些规则，比如：不许大喊大叫、不许摔东西等。若违反条规，则做出相应的惩罚。比如，取消去游乐园的计划，减少零花钱等。

帮助孩子学会控制自己的情绪，不是一件容易的事情，爸爸妈妈一定要有耐心和毅力进行下去，因为这对孩子今后的性格发展非常有好处。

15．同情心是上天赐予孩子的最好礼物

　　同情心是人性中最温暖人心，最美丽的风景。没有同情心，就没有人与人之间发自内心的相互关爱，更不会有人与人的和谐相处。

　　心心是我的小侄女，有一天她爸妈临时有事，拜托我照顾她。带心心吃完肯德基，我拉着她的手，在街上散步。

　　一边走，我一边耐心地解答心心提出的很多问题。在街道的拐角处，一个衣着褴褛的流浪汉和我们擦身而过。这个瘦骨嶙峋的流浪汉引起了心心的好奇心，她抬起小脸问我："姑姑，这个叔叔为什么要流浪啊？他在找什么东西吗？"对待孩子的问题，我通常的做法是先斟酌一番，因此并没有马上回答心心。

　　但是，这一次心心没有像刚才那样反复追问问题的答案，而是挣脱了我的手，快步跑到流浪汉身边，睁着大眼睛问："叔叔，你没有家吗？需要心心帮你什么吗？"流浪汉看到这个小女孩问自己这样的问题，先

是愣了愣，接着苦笑着说："我现在需要一个面包填饱肚子。"说完叹了一口气，又继续蹒跚前行。他以为心心只是说说，不会真的帮助他。不料心心咚咚咚地向我跑过来，可怜分分地说："姑姑，你借我一点钱吧，我给叔叔买个面包。回家时我用零花钱还给你，好不好？"我笑笑，从钱包里抽出钱，递给心心。心心飞奔去附近的便利店买了两个面包，又上气不接下气地跑到流浪汉的面前，把面包递给他。

我问心心："告诉姑姑，你怎么会想到送面包给他呢？"心心说："因为妈妈曾经对我说过，行善的人有福。我相信妈妈不会骗我的，对吗？"

如果你的孩子跟心心一样，有一天自己做主，给路边的乞丐或流浪汉一个面包、一枚硬币，你不要不合时宜地给他灌输"他们都是骗人的"观念，也不要用"就你是菩萨心肠"的话来讽刺孩子，这样只会扼杀孩子的纯真和同情心。你应该做的，是抓住这个时机对孩子进行鼓励和肯定，来强化孩子的同情心。有的人可能要说，现在很多乞丐都是骗人的，担心孩子受骗。退一万步来讲，即便这些乞丐是骗子，那么你所损失的，也最多是几元钱。而阻止孩子的善良，所带来的却不仅仅是失去一次品德培养的机会。要知道，孩子多一份同情心，在未来他所面临的环境，就可能多一分宽容与善意。

我有一个朋友，在幼儿园当老师。有一次，幼儿园来了一个心理专家做调查：他将孩子们召集到一起，之后出现了一个场景（专家事前找孩子演的）：一个穿得破破烂烂的孩子出现在园里，在大冷天里冻得直发抖。这个时候，老师问孩子们："你们看小妹妹冻坏了，谁愿意将自己的衣服借给小妹妹穿？"孩子们沉默不语，有些居然跑开了。当老师点名的时候，有一个女孩说："她那么脏，肯定会把我衣服弄脏的，我不借！"

在我的访客中，也有很多家长提到自己的孩子似乎缺乏同情心。在国内，因为孩子缺乏同情心所造成的恶性事件屡见不鲜，这说明我们的下一代正在面临着严峻的"同情危机"。你是否观察过，自家孩子所面临的环境，是安宁的、温馨的，还是残忍的、蛮横的？我的来访者中，缺乏同情心的孩子很容易做出残暴的事情而不自知，这不仅仅是孩子的不幸，也是家庭的不幸，社会的不幸。

我们所说的同情心，其实就是分担别人的忧虑，对别人的不幸处境感同身受的能力，这是所有美德质量的基础。同情可以让孩子察觉到别人所面临的困苦，表达他们内心的真挚感情；同情可以让孩子变得更宽容、更怜悯，进而理解别人的需要，用足够的爱心去帮助那些需要自己帮助的人。一个有同情心的孩子，比较善于处理自己的情绪，情商也会比较高。

想要培养孩子的同情心，在日常的生活中，就要教导孩子养成与人分享的习惯。家里有了"好东西"，一定要拿出来分享，不要给孩子"独一份"，让孩子享受特殊待遇。还要让孩子学会关心家人，体谅家人，在孩子做了什么让你不开心的事情时，明确地告诉孩子你的真实感受，让他学会站在别人的立场，设身处地地为别人着想。在合适的时机，告诉孩子"与人为善，同情弱者"的智慧。只要父母的教育方式得当，孩子自然会了解：父母爱我，我也要爱父母，我要用爱来报答爱。只有如此，孩子才会在心中充满爱，才能懂得去爱别人。

16. 关怀精神并非无师自通

关怀精神，是每个人应当具备的品格，与书本知识一样，不是天生的，是需要学习的。但它与书本知识不同的是，关怀精神是需要体验和参与才能学会的。

有一次我快要下班了，正准备去吃饭，却看到了这样的一幕：一位老人家和颜悦色地对着自己的孙子说"宝贝，我们回家吧，你爸爸妈妈还在家等着呢，奶奶累了。"可是这个小男孩却撅着嘴说："我还想再玩一会！"我走近一看，原来是我们班上的小朋友安安。我走过去摸摸他的小脑袋说："别的小朋友都回家了，天也黑了，赶紧和奶奶回家吃饭吧。"安安一看是我，只好跟着奶奶走了。刚刚出了幼儿园的门，我就听到安安跟奶奶说："快点背我啦，我走不动了。"一眼看过去，只看见老人吃力地背起自己的孙子蹒跚走着的背影。

无独有偶，有位家长告诉我，女儿让她很是心寒。事情是这样的：

151

有一天这位家长下班，忙了一天觉得很累，身体也不舒服，还有发烧的征兆，就坐在客厅里的沙发上休息。这个时候女儿香香回来了，看到妈妈就缠着妈妈要让她陪自己玩。妈妈说："宝贝，今天妈妈生病了，你自己玩一会儿好不好？"可香香就是听不去，一边拉着妈妈一边说："妈妈真讨厌，一点都不关心我，我要离家出走，再也不回来了！"这位家长说自己一听到孩子说这句话，心都凉了。

很多父母将孩子的学习成绩看得比品德更重要，从而放弃或忽略了对孩子品德的培养和关注。大人往往会在"怕麻烦"的情形下，替孩子做出"更麻烦"的事情，比如：孩子房间收拾得不好，还不如妈妈帮他收拾；孩子不用关心大人，多花点时间学习比较好；只要孩子学习好，做不做家务不重要……孩子长期在大人的纵容下，没有养成关怀他人的习惯。衣来伸手，饭来张口，如何能让孩子体会大人的辛苦，进而培养关怀精神呢？

忽略对孩子关怀精神的培养，会影响到他们未来的心理发展。

要让孩子学会关心别人，首先就是要培养孩子的责任感。要在生活上给予孩子指导，让孩子树立正确的生活态度和生活方式，让孩子形成基本的生活自理能力，体会丰富的生活内涵，明白自己的责任所在。

在家庭中，应该给孩子创造一个大人之间互相关心，富有亲和力的家庭氛围，让孩子在潜移默化中懂得在成长的过程中别人所赋予的关怀对于自己的意义，懂得家人和朋友，是需要通过情感关心来得到温暖的人。

比如，孩子的同学生病了，可以带着孩子去探望；爷爷奶奶睡着了，让孩子说话小声一点，不要影响他们睡觉；买了新玩具，可以让孩子与其他小伙伴一起玩；同时，也要教导孩子在学校尊敬老师，关心同学。抽出时间，多给孩子讲讲社会上的很多职业人员是如何为我们服务的，如护士、空姐、售票员、建筑师、保洁员等等，让孩子知道自己的所吃、所穿、所用、所住都是怎么来的，让孩子意识到其他人在自己生命中的重要性，提高他人在孩子心中的地位。

孩子与大人一样，都希望在做事的过程中体现自我的价值，认识到自己的重要性。他们会在学习之外的劳动中，发现自己的存在意义。所以，不管是琐碎的事务，还是大人们觉得无关紧要的工作，若是给孩子提供参与的机会，会让孩子的心理发展更完善，也能在做事的过程中，学会与人合作，学会关怀，体会关怀的魅力。

了解孩子是否懂得关怀的途径有很多，比如：家人外出的时候，孩子是否会惦记着家人的安全？在妈妈做家务的时候，孩子会不会主动为妈妈分担家务？有了好东西，孩子是否会与人分享？得到了帮助，孩子是否会真诚地表示感谢……"爱自己，也爱别人"是你需要传达给孩子的关怀精神，也是会让孩子得益一生的质量，二者缺一不可。

Part 4
你的管教遭遇他的青春

孩子到了青春期，出现一些逆反行为，其实是一种很正常的生理现象，没必要大惊小怪的。如何应对青春期的孩子，是对家长耐心、细心和观察力等多种心理素质的考验。我的经验是：处于孩子青春期的家长，不妨做一个"傻"家长。

1. 性教育——青春期教育的重中之重

春春期是有关于身体，有关于未来的激烈而迅速的形成时期，在这个阶段如果不仔细留心孩子的情况，不但会影响孩子的心理健康，还可能对孩子以后的婚姻幸福产生重大影响。

我的学生阿森，自从升上了初中之后，个子长高一大截。我了解到他的家庭情况比较特殊，他的爸爸妈妈长期在外地工作，阿森是由年迈的爷爷奶奶来照顾的。但是爷爷奶奶对孩子缺乏正确的青春期教育，某次妈妈回来，居然发现儿子一个人躲在房间里浏览不健康的网站，还在他的书包里发现了内容不健康的图书。妈妈一脸发愁地问我："孩子这样要怎么办？怎么教育？跟孩子说性话题，会不会很尴尬？"

我为什么要把青春期孩子的性教育放在第一节来讲，而且在后面的几节中还要讲？那是因为对于青春期的孩子来说，性的问题已经浮上水面，成为所有问题的重中之重。这个时期父母能不能给孩子正确的性教育和引导，对孩子来说至关重要。

孩子的青春期，是孩子从童年迈向成年的人生关键期。中国孩子青春期的年龄，通常在 10~20 岁左右。初中阶段尤为关键，在这几年中，孩子不但身高变化明显，而且生殖器官也逐渐发育成熟，这是青春期最主要的特征。

在这个阶段，家长可能会觉得孩子特别难管：以前孩子有什么事总是跟自己说，出了问题也会主动寻求帮助，可现在，在家里总是喜欢自己独处，不怎么愿意跟父母交流。有些孩子开始出现早恋的迹象，对异性身体的兴趣和好奇不断攀升。父母要知道，这个阶段的孩子其实心里是很矛盾的。一方面他们对新的生命特征充满好奇，另一方面，他们又面对着关于性的种种生理疑问和心理难题。所以，在这个阶段，聪明家长的理智教育就显得特别关键了。

我最近几年一直在倡导家长对孩子进行健康的青春期性教育。然而因为各方面的原因，即便是家长，也有很多话觉得对孩子不好启齿。有些观念错误的父母甚至觉得，性应该列为教育的禁区，战战兢兢地怕孩子了解了性知识而"学坏"。而事实上，孩子一旦到了青春期，或多或少都会遇到关于性方面的问题，这是回避不了也不能回避的。如果这个时候父母没有对孩子进行健康青春期相关知识教育，就有可能导致孩子的心理或行为出现问题。

孩子青春期的性教育谁唱主角？等着老师教？NO！主角应该是家长。为什么？其一，青春期的性教育有私密性、个性化和针对化的特点，老师虽然会笼统地教导性知识，但是无法对所有孩子的疑惑一一回答。其二，家庭本身就具有亲密性，在这种环境中教育孩子，更有利于保护孩子的隐私，让孩子不像在面对老师的时候那么尴尬。

因此，家长作为孩子的第一任老师，要切实注意跟踪孩子的身体和行为发展。

想要育人，先要自育。作为家长，尽管明白一些性方面的知识，但真正要系统地教给孩子，却未必能说出个子丑寅卯来。所以，在对孩子进行青春期性教育之前，父母首先要充实自己在这方面的健康性知识，了解和性教育有关的话题，做好充分的知识储备，再跟孩子谈论，这样就不会在孩子提出一些问题的时候手足无措。父母的知识储备带来的自信，是有效地对孩子进行性教育的关键。

对于青春期性教育，家长不要等着孩子来发问。有些家长觉得孩子没有问题要问自己，也就不会主动告知孩子相关的性知识。其实，有时候没必要非得等到孩子发问之后才与孩子谈论。在平常的时候，父母就可以找机会利用身边的一些事情来跟孩子进行讨论，跟孩子表明自己的一些看法，鼓励孩子说出自己的想法。在讨论中，委婉地扭转孩子的错误想法，避免青春期问题的发生。

其实，父母也不是万能的，不是什么都知道的。有些父母面对孩子提出的问题，自身都没有明确的答案，或者不知道该如何回答，就会含糊其辞，或者索性禁止孩子提问。这是一种错误的做法。对孩子承认自己的不足并不丢脸，最好的方式就是跟孩子一起寻找问题的答案。现在网络发达，只要有心查资料，总能找到答案。即便问题无解，也会让孩子觉得父母是诚实的，值得信任的人。

父母要尽可能地让孩子知道自己身体各部位的正确名称，如外阴，阴茎等等。作为父母，要是你都不好意思说出口，更别说孩子从你的态度中领略到的"羞意"了。教会孩子身体部位的正确名称，是让孩子对自己的身体有一个客观的认识。当然，这并不是说日后但凡说到某个部位，就一定要大声把学名说出来，要是人多的地方，还真是吃不消。让孩子了解，是为了帮助父母跟孩子更方便、更精确地进行性方面的交流，也便于教导孩子何为性侵犯，如果是女孩，更能极大提高自我保护的意识。

任何人都是独立的个体，尽管孩子依赖于父母，但父母也要懂得尊重孩子的隐私。不要觉得孩子是自己的，就可以任意地刺探孩子隐私，或者将孩子的隐私拿出来大肆讨论。随着孩子年龄的增长，自尊心的需求也越来越大。孩子出现性方面的问题，大多数不愿意跟别人分享，或者私底下才稍稍愿意启齿。父母对孩子进行性教育最重要的前提就是尊重，尊重孩子自己决定是否愿意告知，尊重孩子对隐私的保护，这一点千万不可小觑。

2. 给孩子搭几道"防火墙"

家长本身不是"防火墙",而是让孩子在自己的思维中筑起一道道"防火墙",知道什么是安全的交往,什么情景之下有可能潜伏着性侵犯的危险。

上一节我说的是如何跟孩子谈论性问题,主要关注的是谈话中的基本原则。因为青春期教育的主线就是性健康教育,是重中之重,所以这一节接着说教育中的"防"问题。很多家长都说,自己不担心孩子早恋,也不担心孩子的异性交往,就怕孩子太早出现性问题。就这个问题来说,可以用为孩子建立"防火墙"来预防。

第一道防火墙,对孩子明确说明未成年人性关系的不健康性。我们都是从青春期过来的,也经历过在青春期的性冲动和性欲望。其实孩子这个阶段的需求,已经跟成年人差不多了。那为什么还要提醒孩子不要偷吃禁果呢?可以给孩子提供的理由主要有这几个:比如说未成年性行为对健康的影响,对男孩子来说婚前性关系有可能导致对方怀孕，对女孩子来说有可能导致早孕，这些都是对自己，对别人不负责任的行为。又比如，未成年性关系，不仅家长不赞成，学校也是明令禁止的，少男少女在没有任何保护措施的情况下发生关系，又是偷偷摸摸的，对心理也会有不良影响。心理研究表明，人的第一次性接触如果是在焦虑和耻辱的情况下发生，可能会给心理留下阴影，也会影响到将来的婚姻生活。

家长要告诉孩子，不赞成未成年人性关系是为了他们好，而不是什么都不说，就下禁止令。这个阶段的孩子逆反心理比较大，说不准就反其道而行了。最理智的做法是让孩子自己意识到，这是为了自己的长远健康着想，而不是为了父母，为了其他人，才不得不这么做。顺便还可以教育孩子，在人的一生中，有很多时候都是需要理智控制冲动的，不学会这一点是不行的。

可这个阶段的孩子"火气"比较大，要怎么来排解呢？方法有很多，最有效的一条就是教导孩子转移注意力，将精力转向另一种创造性的活动。让孩子的注意力不要一直放在"堵而不疏"的性问题上。让孩子学会控制，学会使用意志力来参与自我意识活动。

第二道防火墙就是对付"翻墙"的孩子。第一道防火墙已经跟孩子说明了希望孩子不要"偷尝禁果"，但事实无情地告诉家长，总是有一些"勇士"敢于突破家长的防线，毅然决然地"翻墙"。对这种情况，又该怎么办呢？这个时候，家长就要建立第二道防火墙了。那就是在对孩子进行健康性教育的时候，千万不要忘了为孩子讲解避孕和紧急避孕的知识。对女孩子来说，其中的重要性不言而喻，对男孩子来讲，一定要灌输"对自己负责，对别人负责"的观念。看看自己的孩子发育到什么程度，孩子跟同学亲密到什么程度，就要找时机委婉地将知识告知孩子，早知道早预防。

第三道防火墙，是教会孩子树立自主意识。在家长制盛行了数千年的国家里，听话是父母从小就对孩子提出的要求，听话也似乎是对孩子的最高褒奖。这就存在了一种隐患，当听话的孩子跟异性接触的时候，如果对方想要发生关系，在并不清楚亲密接触可能带来的后果的情况下，尤其是女孩子，还能听话吗？听话的孩子有一个最大的缺点，就是没有强烈的自主意识，不懂得行使自己的控制权。习惯了让家长来为自己拿主意，在这种时候，他（她）能拿得了主意吗？

所以，对家长来说，培养孩子的自主意识十分重要。不要一味地把孩子往"听话"方面教育。要告诉孩子，只要是跟自己有关的事，都有控制权。尤其是在两性亲密关系上，更要把握住控制权，不要半推半就，更不能盲从。聪明的父母培养孩子的方式不是"让他听话"，而是"说服他"。要让孩子在青春期就意识到自己是一个与众不同的个体，接受自己，行使自己的控制权。

3. 吾家有女初长成

趋利避害是人的本能。当你跟孩子将这些利害关系说清楚之后，孩子就会产生自我保护的意识，在没有家长监督的时候他们也会主动约束自己的行为。

班里有个小女生瞳瞳，一脸尴尬地对我说："老师，我好像被吃豆腐了。"我一惊，赶忙问是怎么回事。瞳瞳断断续续地诉说了事情的经过：每天她都会坐公交车回家，有一天公车特别挤，她背着书包站在车内扶手的旁边。没多久觉得自己的身后有个硬硬的东西顶着自己。瞳瞳觉得很不舒服，就下意识地往前缩。

但是车上实在是太挤了，走了大概两站地，有人下车后她才赶紧挪位置坐下。谁知道她一坐下，刚才站在她身后的男人也跟着坐下了。当瞳瞳要下车，站起来经过身边的男人的时候，却感觉到有双手在摸她的屁股。当时瞳瞳觉得很恶心，也很害怕，匆匆忙忙下了车。

第二天，瞳瞳实在是心里憋得难受，才来找我诉说："我不想想这件事，但总是控制不住，真是太恶心了！"

大多数人认为性侵犯的对象都是女生，其实不然，有时也包括男生。

猥亵和性侵犯对孩子会造成很大的伤害，尤其是在心理上的伤害。这会严重地影响到孩子未来的生活质量和人际关系。因此，为孩子创造一个健康安全的生活环境，保障孩子的成长不会有意外出现，教导孩子预防性侵犯的知识是十分有必要的。

你要让孩子了解到的是，性侵犯者不仅仅局限于陌生人，有些可能是她十分熟悉的人。但是，不管性侵犯者是谁，是以何种理由进行的，都是违法的、错误的、不合理的行为。家长要跟孩子一起讨论日常应该遵守的一些保护自己的安全规则，这些规则可以帮助孩子远离性侵犯的危险环境。

父母可以根据自己孩子的年龄、生活环境和其他具体情况，来制定出操作性比较强的"安全规则"，来与孩子进行讨论。

在制定的时候，可以参考如下几条规则：

☆ 不要单独去你无法得到帮助的地方。

☆ 不要单独待在僻静的地方。

☆ 外出活动要经由父母的同意，并且要告知父母去处，来去的时间，最好有同伴的联系电话。

☆ 尽可能不要在夜晚外出，若有事要外出，需要有父母的陪同。

☆ 不要随便相信陌生人的话，不要接受莫名其妙的礼物和钱财。

☆ 不要吃不认识的人递过来的饮料和食物。

☆ 不要与陌生人外出。

☆ 不要随便搭便车。

☆ 一个人在家的时候要关好门窗，有人按门铃要问清楚对方是谁，不要随便让外人进门。

☆ 不要随便出入于环境复杂的场所，比如网吧、宾馆、夜店等等，更不要看带色情的东西。

☆ 遇到有人意图侵犯的时候，要迅速离开，跑向人多的地方。

因为孩子的逻辑思维领域有限，生活经验也比较匮乏，一些在成年人看来有明显危害的事物，孩子却往往缺乏对行为后果的预见能力。他们很难分清楚哪些做法是会带来危害的。因此，他们往往会对家长的限制行为产生误解，并且将家长的保护看成是控制来加以反抗。有些孩子甚至会利用一些小手段来故意躲开父母的监护，这种行为无疑增加了孩子的危险性。

因此，当孩子进入青春期的时候，父母在限制孩子某些行为的同时，一定要耐心地告诉孩子你这么做的理由，并且让孩子了解与异性交往的适当尺度，让孩子知道哪些是不可以发生的，以及这些事情可能会带来什么样的后果。通过分析事情的危害性来提高孩子的自我保护意识，提高孩子主动预防性侵犯的能力。

4. 做孩子最好的性心理咨询师

　　不管是初潮还是初次遗精，都是一种正常的生理现象。对青春期的孩子来说，具有特殊的意义。在孩子"初"之后，父母就要对孩子的性心理健康高度关注了，在孩子不尴尬的情况下，给予他正确的引导和贴心的关爱。

　　现在的女孩子大部分都会在小学高年级的时候初潮来临，我的学生瑶瑶就是这样。瑶瑶来了初潮后，她妈妈很迫切地告诉我们这些周边的人。瑶瑶妈妈觉得这是孩子成长的分水岭，孩子似乎在一夜之间就长大了，言谈举止都跟过去有很大的不同。孩子开始变得有些"臭美"，每天上学之前都会在镜子前面照很久。以前给她买的衣服，小女孩也不愿意穿了，让妈妈给她一些钱，要自己去买衣服。

　　还有一个现象，就是瑶瑶开始对男孩子关注起来了。周末的时候有其他同学到家里来，瑶瑶妈妈经常听见几个小女生在议论班里哪个男生长得帅，还将这些男生按照明星的标准分成各种类型，讲得津津有味。瑶瑶妈妈不知道这种情形是制止，还是放任不管？

据调查，现在青少年的性成熟时间相比过去出现了提前的倾向。性成熟的提前也带来性心理的提前。从认知心理学上来说，现今性信息的大量增加，导致人们性观念的转化。而这一切，都刺激着少男少女们的生殖腺体和大脑，性生理的萌芽提早被催发，也就必然催动性心理的发展。但是，青少年在社会心理尚且不成熟的情况下，对于因为生理上的性发育而萌发出来的性心理，却缺乏正确的、科学的解释，很容易陷入盲目和迷茫之中。

一般来讲，孩子的性心理发展，会经历如下几个阶段：性意识的萌芽，幻想与自慰，尝试与模仿。

性意识萌芽阶段的孩子，开始对异性之间的来往产生向往。有些少男少女为了吸引异性的注意力，会用一天换好几次衣服的方式，来表现出自己的与众不同。

有些孩子经常会陷入幻想之中，白天也会"做梦"，进一步的就是自慰。你或许认为自慰只会存在于男生之中，其实不然，女孩子也有普遍的自慰现象。

有些孩子对性行为十分好奇，甚至可能会大胆实践。在少男少女心理发展的每一个阶段，都会出现既复杂又矛盾的心境：既对异性的神态举止关注有加，希望能够得到异性的青睐，又将这种欲望深埋心底，表现出冷漠和矜持的模样；他们会自慰，但这往往是在快感和罪恶的双重"夹击"下进行的。传统观念觉得自慰是羞耻的，这种观念也会让孩子的内心产生羞耻感，但内心的性躁动又让他们处在无法抑制的状态。

孩子既需要倾诉，又找不到倾诉对象，这个时候更需要家长的关心了。

放任孩子性心理自我发展，可能会出现两种不良的后果：一种是受到性本能的驱使，出于好奇心，而过早地尝试性行为。在青春期的初期阶段尝试性行为，或者是背上沉重的道德包袱，总觉得抬不起头来；或者索性随意开始性行为，过早地启动了性欲望，造成性欲的短期猛烈，陷入单纯地追求性享乐的状态。

这些都是孩子从性体验发展到性心理问题所走的路。性心理问题容易变成定型，发展成为顽固的性恶癖，一旦形成，日后要改变是非常困难的。这也就是我们经常在电视里看到一些少年少女在跟不良异性厮混之后，父母不管是打是骂是哭是求，都无法让他们回头的原因。还有一种不良的后果，就是孩子会将青春期自己出现的性心理，当成是一种丑恶的东西，进而产生强烈的罪恶感和羞耻感，将自己当成是很下流的人，形成自卑、孤僻、闭塞的心理。

性心理成熟的基础是性生理的成熟，但性生理的成熟却并不意味着性心理也成熟了。性心理成熟的标志是：懂得性行为的发生应该以爱情为基础，实现性与爱、灵与肉的完美结合。也就是说，性心理的成熟与社会心理的成熟有着分不开的关系。

在现今的社会中，人的性行为不仅仅应该只有自然性，还应该具备精神性和社会性。换句话说，与什么样的人发生性关系，以及人在性行为中的表现，都会从某个侧面反映出一个人的人格特征和社会责任感。对青春期孩子来说，性心理的成熟需要一个过程，需要在长期与异性的交往之中，不断调整和适应。只有在情感升华之后，性心理才算真正成熟。

当处在青春期的时候，性心理尚未成熟，有很大的可塑性。此时对孩子进行正确的、正面的、科学的教育，才能帮助孩子培养其健康的性心理。若任由孩子自由发展，出现性心理问题的概率就会增加很多。要知道，性心理的教育对塑造孩子的健康性格，是不可或缺的。

5. 焦虑不是成年人的专属名词

　　青春期是人由孩童转向成人的一个过渡时期，在这个时期，孩子的身体和心理都会发生变化。面对这许多变化，很多孩子内心会产生尴尬、不安、躁动等情绪，如果这些情绪没能得到很好的排解，就容易导致青春期焦虑症的发生。

　　我同事的孩子辰辰，从小就是品学兼优的孩子，在班里的学习成绩一向名列前茅。但是最近一段时间，这个大家眼里的好学生却处在一种和他的年龄极为不相称的焦虑情绪之中，吃不下、睡不着，成天想着成绩。

　　某天，辰辰好不容易在辗转反侧之中睡着了，却在凌晨2点又醒过来。他光着脚跑到客厅，打开台灯，说是要找书包拿出书来复习，而事实上，在睡觉之前他就已经很仔细地复习过一次了。辰辰的爸妈看到他这个状态，十分担心。

第二天放学之后，辰辰又拉着正在看电视的爸爸，焦急地跟他说："爸爸，你给我讲讲这几道题吧。我们老师说了，这次考试中如果错了一步，整道题都没办法得分！"爸爸觉得孩子似乎有些神经过于紧张。上个星期他去参加家长会，老师就曾经跟他说过："我很喜欢辰辰，他聪明好学，勤奋主动，做题的速度很快。但是有一点，辰辰在学习的时候，很讨厌有人打扰到他。若有同学跟他说一两句话，他就会表现出很大的不耐烦。每到考试的时候，他就会不停地追着我问有关于考试的各种问题，生怕遗漏考试中的任何一个小细节。"

或许你会认为焦虑是成年人的专属名词，是只存在于大人之中的一种情绪障碍。但是在心理学上，焦虑情绪在孩子当中也是十分常见的，其发病率几乎占到了青少年人口的 10% 左右。青春期是人生的一个脆弱期，也是焦虑症的易发期。据某项调查显示，孩子的焦虑情绪会在很大程度上影响到他们的学习成绩和人际交往。在综合学习能力以及人际交往能力方面排名靠前的孩子，往往不是因为他们智商特别高，而是因为他们的焦虑情绪比较少。

发展心理学上认为，孩子的焦虑情绪指的是在青少年时期起病，主要表现为担忧、焦躁、不安等情绪的心理疾病，通常会伴随着某些特殊的心理反应，并且会对孩子的正常社会交往能力产生影响。具体说来，焦虑的孩子可能会表现为心神不定、坐立不安、睡眠障碍、心烦意乱、无法集中注意力、对任何事物都失去兴趣等等，同时还会引起某些自主神经紊乱，造成心跳加快、头疼多汗、血压增高、尿频等生理上的反应。

孩子在成长的过程中必然会产生一定的焦虑情绪，需要及时去排解。

因为孩子心理发育水平有限，他们很难用语言来完整地将自己的情绪和内心感觉表达出来，因此通常会以其他的形式表达出来，却常常会让家长忽略掉。

每个人的幼年、童年和青少年时期，都应该是人生中最轻松、最单纯、最无忧的季节。焦虑这种情绪，原本不应该在一个孩子的心理世界中出现。若孩子正处在焦虑的漩涡之中，作为父母，又该如何帮助孩子呢？

治疗孩子焦虑情绪的方法主要有两种：教育治疗和心理治疗。

教育治疗主要依靠的就是父母日常生活中的潜移默化，让孩子学会压力释放的方法。家长要给孩子创造一种轻松、快乐、和谐的生活和学习环境，不要让孩子遭受到过于强烈的精神刺激，也不要给孩子太大的心理压力。对孩子说话的时候，多使用鼓励性、表扬性的言辞。孩子被肯定的次数多了，受到鼓励的次数多了，信心自然就树立起来了，焦虑当然也会得到很大的缓解。

在心理方面治疗，首先医生会给予生理和心理方面的知识教育，同时还会根据情况具体选用精神分析法、深度放松疗法、催眠疗法、积极心理治疗等心理疗法，以帮助孩子驱散焦虑的阴影。

6. 你说东，他偏往西

青春期的叛逆，是孩子在成长过程中寻求独立而表现出反抗的行为，是孩子心理成长发展必经的过程，不必太过在意和担心。若父母能给孩子正确的引导、良好的沟通和合适的管教，孩子就可以顺利度过这个心理成长的关键期。

我有一个小访客智智，据他妈妈说，智智升入初中之后特别叛逆，而且是以各种方式来反抗，督促他学习时他会顶嘴，让他快点起床他就故意拖延，提醒他玩电脑的时间过长他就用力摔鼠标……

最初，智智的爸爸看到他这样特别生气，有好几次都忍不住要打他，但都被智智妈妈制止住了。可时间长了，智智反抗的次数多了，智智妈妈也没法子了。她知道打孩子不对，可是当孩子就是爱反抗的时候，她也不知道到底该不该打呢？如果打了，孩子会不会因此更爱反抗，直接离家出走？如果不打，用什么办法来解决呢？

相信你也有这样的体验：孩子长大之后，叛逆的心理越来越重：你让他看书，他偏要看电视；你给他做了他喜欢的菜，他偏要说不爱吃；他在台灯下复习功课，你上前去关心几句，他会很不耐烦地让你快点走。或许你很纳闷：孩子怎么这么没有良心呢？这逆反心理怎么愈演愈重呢？这也是来我这里咨询的家长们提到的最多的问题。

先别急，听我慢慢分析。

发展心理学的研究结果显示，孩子在心理成长的过程中必然要经历两个关键的逆反期或反抗期。

在孩子的成长过程中，2~5 岁和 12~15 岁分别是两次较为突出的心理发育期。在这两个阶段，孩子会出现性格急躁、刻意对抗、任性不听话，反对任何人干涉自己的事等等逆反的行为。根据这些逆反行为的特点，心理学上将这个时期称之为反抗期。

这两次反抗期所属的年龄段不同，因此又有着不同的表现。

在第一个反抗期，孩子所表现出来的反抗主要是什么事都想自己来，还不会用筷子，也一定要握着筷子自己吃饭，不让他自己来，就会又哭又闹；孩子摔跤了，你赶紧跑过去要把他扶起来，他却趴在地上打滚就是不让你抱；有些孩子等大人把自己抱起来之后，甚至还会重新趴在地上，再自己爬起来……原本很乖巧听话的孩子在这个阶段也会表现出不耐烦、焦躁、顽皮、任性的特点。

尽管在不同孩子的身上有着不同的反抗表现，但这种反抗却是一种普遍的现象。

这个阶段是孩子从生活上的依赖逐渐走向独立的关键时期。他们在心理上已经有了独立的意识，因此也就要求自己表现得像个小大人一样。这个阶段也是培养孩子基本生活能力和独立生活意识，养成良好生活习惯的重要时期。父母在这个阶段应该适当地满足孩子的这种心理需求，因势利导地教会孩子正确的生活技能和习惯，而不是采取粗暴的方式去对待孩子的这种"反抗"，强制要求孩子做这个，不许做那个，这会让那些性格倔强的孩子采取更强烈的反抗方式，形成对抗性的性格。而那些性格比较怯懦的孩子，则有可能会形成孤僻、退缩的不良性格。

第二个反抗期又被称之为"危险期"，有些心理学家也将其叫作"暴风骤雨"时期。这个阶段的孩子已经进入了青春发育期，最突出的表现就是成人的自主意识开始逐渐增长，对待事物也开始了独立思考，有了自己的见解。他们不愿意父母再将自己当成小孩子来对待，因此时时处处总想要表现出一副大人的样子，并且总是带着批判的眼光来看待周围的事物。比如，原本很喜欢跟着父母外出访友、郊游野餐的孩子突然不愿意再跟大人出门，喜欢独自一人或者宁愿跟朋友在一起；一直很乖巧听话的孩子突然处处跟你对着干，脾气不好，说两句就急了，还会冲你发脾气；做什么事都自己做决定，不愿意跟爸妈商量，并且容易冲动暴躁。这都是孩子寻求人格独立的表现，因此心理学上也将叛逆期称之为"心理断乳"期。

"心理断乳"期是孩子从幼稚走向成熟的转折期，也是孩子从心理上的依赖走向心理上的成熟和人格上的独立的关键期。孩子在这个阶段所表现出来的叛逆，比第一反抗期有过之而无不及。知名作家刘墉有着很特别的教子经验，他认为，孩子这个阶段所表现出来的叛逆，其实是自己的生理和心理在作战。身体已经成长，苗壮到可以离开父母独立生活；但是在经济上仍然需要依赖于父母，这迫使他们必须留下。这两股力量经常会在孩子的内心打架，叛逆的孩子就是这么产生的。

不知你是否发现，孩子在跟你作对之后，常常会用眼睛去偷瞄你，看看你是不是被气得很惨。难道真的是孩子没有良心？并非如此，只不过是这个阶段孩子的良心"暂时被狗吃掉了"，或者说"他们有意地隐藏自己的良心"。对这个阶段的孩子，你应该更加谨慎地教育，投入更多的感情和关注在孩子身上。要多想办法跟孩子进行沟通，最好跟孩子之间像朋友一样地交流。堵不如疏，与其强制，还不如引导。事实证明，粗暴的强制，可能更会强化孩子的逆反心理。

7. 孩子的"不听话"有时是一种自我保护

"从小我就有个宿敌叫'别人家的孩子'。这个孩子从来不玩游戏，不聊天，不喜欢逛街，天天就知道学习。长得好看，又听话又温顺，回回年级第一，还有个有钱又本分的异性朋友。研究生和公务员都考上了，会做饭、会家务、会八门外语……"很多孩子一路就是这样被父母"比"着长大的：上学时比的是成绩，毕业时比的是证书，工作后比的是职业和收入，退休后比的则是孩子。

森森和萱萱与我住在同一栋大楼。她们年龄相仿，在同一个学校上同年级。可能是成长背景太过相似，大人们总是喜欢将森森和萱萱放在一起互相比较。只是萱萱从小就特别出色，不但成绩很好，而且嘴巴甜懂礼貌，很多人都很喜欢她。与之相比，森森就显得有些不起眼了，她的学习成绩不是很理想，性格内向，见到人总是不理不睬，即便问她什么话，她也经常是保持沉默。后来，大人们都不怎么问她问题了。森森妈妈有些着急，一起长大的孩子，差别怎么就这么大呢？

在教育森森的时候，森森妈妈张口闭口就会跟她说："你看人家萱萱，又考了班里第一名；你看人家萱萱对人多有礼貌；你看人家萱萱……"每到这个时候，森森就会很不耐烦地说："你要喜欢她，你就让她做你的女儿好了！"

慢慢地，森森开始到处找萱萱的毛病。有时候，她发现了萱萱作业上出现的一些小错误，就会像发现了新大陆一样得意扬扬地告诉妈妈："萱萱今天做作业出错了，那道题很简单，我一道题都没错！""萱萱今天没有带校卡，老师批评了她！"……森森妈妈很诧异："萱萱不是女儿的朋友吗？怎么现在像是跟萱萱有仇似的？"有时候，森森妈妈想让女儿和萱萱在一起玩，多学学萱萱身上的优点，森森就会嘴一撇，脸一扭。森森妈妈只能无奈叹气，隐隐觉得这种情形是自己造成的，却又不知道如何解决。

站在家长的角度上来说，森森确实很气人：你越想让她跟好孩子学习，她越跟你对着干；你越想让她跟好学生交朋友，她越讨厌人家；你越说人家的孩子怎么怎么好，她越挑人家的毛病给你看。非但没有一点要跟人家学习的意思，还没有丝毫竞争的意识。

然而，我们是否可以站在孩子的立场来思考一下，或许，孩子这种种的"不听话"仅仅是他的自我保护。没有一个人愿意被别人否定，也没有一个人愿意贬低自己，孩子当然也是这样。或许偶尔的批评还可以勉强接受，但是经常性的贬斥肯定是无法忍受的。试着想想，若你自己总是被人否认，不也是等于承认自己是没有丝毫价值的吗？经常遭到批评的孩子，就只好为自己的价值辩护。为价值辩护的最关键的一条就是，要向别人证明他是有价值的。他们往往会使用的就是"他处胜利法"，也是森森所采取的"贬低别人，抬升自己"的方法。

从表面上看，孩子这是在跟父母对着干，其实这只是一种无奈之下的被动控诉。他们是在竭尽全力地保护自己仅有的一点点自尊，这难道是不应该的吗？若你说孩子："你怎么那么没出息！"，他直接承认："是啊，我就是没出息！"这才是最可怕的。

当然，不愿意承认自己身上的缺点，也有可能是孩子的虚荣心所导致的。但是对孩子来说，自尊心和虚荣心常常是分不开的，父母不要太轻易地否定孩子。孩子排斥所谓的榜样，这其实是很好理解的。因为孩子清楚，每次一提到这个榜样，他都会被批评。这个榜样不是他学习的动力，而是挨批评的代表。这样一来，孩子怎么会不讨厌榜样，讨厌被比较呢？

所以说，家长不要总是想着给孩子树立榜样。聪明的办法是为孩子创造一种情境，让孩子可以自发地向那些比自己优秀的人学习。比如，森森的妈妈就可以装作不经意的样子，带森森到萱萱家做客。大人在交流话题的时候，孩子们就自然玩在一起了。这个情况下，如果萱萱有什么优点，森森很容易就会看得到，即便是嘴上不说，也多少会对自己有些影响。不要一味地跟孩子说要跟别人学习这个，学习那个，也注意不要在"榜样"面前说孩子的不是。将自己孩子的缺点跟其他孩子的优点相提并论，这对孩子是很不公平的。

若父母能够抱着很大的热情和无限的耐心，去欣赏孩子的优点，鼓励孩子对自己感兴趣的事物付出努力和热情，孩子就会在这种鼓励之下展现自己最美好的一面。当孩子跟你说出自己所取得的成绩时，不管是多微小的成绩，他也会渴望获得你的赞扬和认同。一旦孩子感觉到被父母欣赏和接纳，内心所得到的满足感绝对不亚于大人获得巨大荣誉之后的情感体验。反之，若你总是给孩子不屑一顾的冷漠反应，甚至将他的成功与更优秀的人相比来贬低孩子，孩子的内心会受到极大的伤害。

8. 良好习惯由合理竞争塑造而成

竞争意识与自我意识紧密相连，清晰的自我意识是在与他人的比较之下才显现出来的。幼儿期是孩子自我意识发展的关键期，为了发展自我的个人心理，需要拥有与别人区分开的、独特的、私有的经验，从而显示出自己的独立人格。为了在不同对象面前表现自己，孩子需要了解自己的言行将会如何影响自己在别人眼里的形象。而竞争意识的萌芽，正是孩子自我意识发展的重要表现，家长应及时予以支持和正确引导。

阿华今年升初中，如果不想被"就近分配"，就得制作简历递交给意向就读的学校。阿华是个比较乖巧听话的孩子，在爸爸妈妈的精心培育下，学习成绩非常优秀。有一所口碑非常好的学校特别合妈妈意，她认为阿华在那里读书可以得到最好的发展，就决定递交儿子的简历。

这是阿华妈妈第一次听说学生也要递交简历，为了孩子，简历不得不做，回到家，她对阿华说了这件事，但阿华却表现出了极大的反感：

"我才不要你们把我塞到陌生的地方！"阿华妈妈很无奈，的确，该学校招生是很激烈的，制作简历就等于是提前让孩子"被竞争"了，这样对孩子的心理发展，究竟是利大于弊还是弊大于利呢？

我也曾经负责过招生，收到过很多学生的简历，小学毕业的孩子最大的也才 13 岁，最厚的一份简历居然有 50 多页。我从中看到了很多具有潜质的学生，但看到最多的是无奈。忙着为孩子做简历的家长，固执地认定好学校可以帮助孩子功成名就，就算不能，也能够推进孩子的人生进程，但却又担心激烈竞争会让孩子吃不消。而"被竞争"的学生，为了简历的厚度，从小学习文化知识和各种特长，不知失去了多少欢乐的童年时光。

美国人克雷格·安德森与蒙莉莎·莫罗曾将参与试验的学生对半分成两组，一组用竞争模式进行游戏，一组用合作模式进行游戏，结果我们都已经知晓——竞争模式下的游戏者杀死了更多的怪物，比合作模式下的游戏者高出 60% 的战绩。

但问题随之而来，非赢即输的竞争，使竞争组的游戏者之间相互产生敌意，发生了较多的攻击行为、敌意甚至歧视。就像足球联赛中激烈竞争的两只球队，很可能会为一次进球而在赛场上发生冲突，而后展开攻击和骂战……

现代教育正是竞争的另一种表现，唯有最优最强的孩子才有可能进入理想中的学校学习。

那么，关于竞争，家长究竟应该如何掌握好这个"度"呢？

从心理学角度来看，当孩子能够为未来的目标奋斗不息时，会产生自我实现的成就感，反之则产生挫败感。小学生理性思维能力较弱，只能对身边的事物发生兴趣，产生联想。教导孩子应对挫败感，应当多使用发生在孩子身边的案例，让孩子有感同身受的体会，教条式的理论则很不易被孩子接受，同时在孩子经历挫折时，培养孩子从容应对挫折的能力至关重要。只有自己做自己的对手，才能锻炼出很强的心理素质，为未来升学和工作中不断"被竞争"打下良好基础。

在教育工作的实践中，我发现合理的竞争可以激励学生进步，改掉不好的习惯。

有一段时间，我发现培训班教室卫生特别差，虽然我委托一位同学安排了详尽的值日表，但大多数学生都不认真负责。为了让学生们主动做值日，我做出了竞争值日员的举措，全班 50 个学生每周竞争 15 个值日生的岗位，得到这个岗位的学生，会得到一张奖状。为了得到奖状，学生们积极竞争，自觉维护班级卫生。

我不否认在学习中，成绩排名和升学考试的确会使学生产生压力，甚至滋生不良情绪。但除了学习，在培养学生养成良好习惯方面竞争是非常有效的促成手段之一。排斥"被竞争"的家长们不妨试试用这种方式让孩子养成良好的学习习惯。

9．恋爱是否过早，不应只从年龄上看

　　青春期是孩子的性格和人格发生整体改变，并且定型的"危险时期"。作为家长，大多数时候，只要你可以冷静从容地对待孩子的种种转变，尊重他、信任他，一切都可以和风细雨，安然无恙地过去的。

　　我有一个家长访客，有一天在收拾自己女儿莹莹房间的时候，无意间发现了一张男孩子的照片。照片中的男孩她曾经见过，是莹莹的班长。在莹莹的作业本背后，还写着这样一些话："不知不觉我就喜欢上了他，总是偷偷地看着他的一举一动。上课的时候头一偏，稍微一瞟就可以看见他。他那么帅气，如山一样地坐在那里；他的背挺得很直，从来不会弯；他的头发总是干干净净的，身上散发着阳光的香味。有时候，我偷偷看他会被他发现，他就会冲我笑一笑，露出两个可爱的小酒窝。他的作文写得很好，十分幽默又有深度。我觉得他还拥有其他男孩子没有的成熟与稳重，虽然他表面上看上去很大众化，但我相信他不会盲目地追随别人的脚步。他对自己想要做的事情，不论别人怎么说，也都会坚持到底的……"

看完女儿这篇对男孩的欣赏日记，这位家长大惊失色，孩子居然早恋了？

何为早恋？众说纷纭。有人甚至对"早恋"这个词本身提出了质疑。知名的学者李银河女士就说过："早恋"这个词是不科学的。顾名思义，早恋，就是过早恋爱。但是早的概念又是什么呢？现在的早恋通常指的是在初中、高中时期的恋爱。然而，西方却将12~19岁阶段的恋爱称之为青春期恋爱。相比较之下，这个用语既对时间有了明确的定义，又没有加上固定的道德评价，才是比较合理化的。

心理学上认为，恋爱是否过早，不应该仅仅从年龄上来看，而是要从心理发育的成熟程度来判断。青春期，既是孩子身体成长，知识积累的时期，又是性心理成熟发育的时期，是对异性产生好奇和爱慕的时期。进入青春期之后，随着生理上的发育成熟，性意识的萌芽，少男少女都会对异性产生爱慕，有一种与异性进行了解、交往并且亲密接触的欲望，这是非常正常的心理现象。在某种意义上来说，若没有外界的刺激，性意识的萌芽只会处于自发性的状态之中。在寻求亲近和依恋的过程中，很少会有色情的动机，或者是几乎没有。这个时候的爱情是柏拉图式的，是朦胧的，是带有一定幻想和完美主义色彩的。它能够让一个孩子发挥自己的最大潜力，向自己欣赏的人展示自己最美好的一面。

这个阶段的孩子情感丰富，喜欢以成年人自居又无法在经济上获得独立。青春期的骚动让他们坐立不安，却又无法运用当前的心智来解决自己成长过程中的苦闷和烦恼。若在这个时候，家长给予他的帮助很少，他们就会求助于与自己有着相同心态的同龄人。性别上的差异会让他们对彼此充满了好奇和向往，渴望彼此之间的倾听和了解，来缓解青春期的不安和焦虑。也就因此，他们交往异性朋友就成了情感认同不可避免的结果。

对于孩子早恋，即便我们也尝试过酸甜苦辣的早恋滋味，但是当你站在过来人的角度上来看孩子走上自己当年熟悉的"爱情之路"时，不可避免地会有所变化。你或许会不知所措，甚至可能会不近人情，恨不能一下子就将孩子恋爱的火苗掐灭。

但是，孩子跟同龄异性之间的交往，是精神上的需要。家长不要粗暴地制止他们和异性的接触，以免引起孩子的逆反心理。同伴之间的交往，可以让孩子开阔眼界，提升孩子的思维力、注意力和观察力。更重要的是，社会交往对孩子情感和个性的发展起着关键的促进作用，他们会在这种交往中体会人与人之间的关系，从而学会一些初级的社会规范和行为准则，并恰当地处理自己和他人的关系。

一个既有同性朋友，又有异性朋友的孩子，性格会比较开朗豁达，情感上的体验也会比较丰富和深刻，待人处世大方得体，自制力也会比较强。若仅仅是在同性的圈子中交朋友，孩子的性格、气质、社会交往能力会受到一定的限制，个性的发展也不全面。作为父母，正确的做法是，鼓励孩子同时和多个男女同学一起相处，培养广泛的友谊，而不是仅仅局限于某一个人。

你也可以鼓励自家的孩子将同学和朋友带来家里玩。这样做，一方面可以让你和孩子之间建立牢不可分的信任关系，另一方面也可以了解到孩子的交往圈子。要让孩子知道的是，若仅仅将交往的对象局限于某个小范围，将会失去和大多数的朋友和同学接触的机会。现代的孩子应该多交几个跟自己性格和兴趣不同的朋友，而不是只和志趣相投的人接触。只有这样，才能更深刻地体会到友谊的意义。

10. 追星的体验对孩子的成长很重要

心理学上把成长中的孩子这种对名人的极度崇拜的心理称作"英雄崇拜"心理，这是青春期的一种特有的心理现象。一方面，他们觉得自己是大人了，不仅要求行动自主，而且希望精神独立；另一方面，他们又渴望自己的思想感情有所寄托，便把目光投向影星、歌星、球星们的身上，并且在思想上、行动上，甚至言谈举止、衣着打扮上都情不自禁地受自己偶像的感染和影响。

学生甜甜的妈妈最近很烦恼，因为女儿是个"小星迷"。甜甜上幼儿园时就很喜欢一个明星，这个明星长得很帅，形象很正面，甜甜经常学他在电影中努力读书的样子，一读就是一个多小时。这对于一个上小学的孩子而言是非常不容易的，甜甜妈妈也并没有过多阻拦甜甜"追星"，反而陪她一起到电影院看该明星主演的电影。

甜甜上初中后，这位明星开始推出专辑，甜甜自然要买来听，吃饭时要听，早晨起床时要听，甚至连写作业时也听，久而久之，甜甜的作业质量急剧下降，班主任老师还因此请甜甜妈妈去学校谈话。这个时候，甜甜妈妈意识到，该管管甜甜追星了，就把甜甜珍爱的CD盘藏了起来，不再带她去看该明星的电影。原以为甜甜可以迷途知返，谁知，她竟然不再阅读课外书，还振振有词说："我以前爱读书，是因为我在学习偶像，现在偶像都没了，我还读什么啊！"

真是管也不是，不管也不是，甜甜妈妈很无奈，自己究竟应该怎么办？

"若孩子能把这股追星的劲头放到学习中去，那该多好啊！"这是很多现代家长的感叹。对于孩子来说，追星所表现出来的深层含义，其实是一种社会化的倾向。在孩子青春期心理发展过程中，将崇拜的对象从父母身上转移到其他人身上，是很正常的。如果孩子总是将父母当成自己的权威，那孩子就永远不能真正长大，他会在父母的光环之下变得孱弱。

13~15岁的孩子，最容易对父母的绝对权威进行挑战。要挑战，就必然要有一个力量来支持他，这个力量有可能是歌坛、影坛或者其他领域的一些偶像，这些偶像事实上就是社会的公众人物，在某种程度上代表了主流文化，也就代表着孩子的某种社会价值取向。

追星从本质上来说没什么大不了的，当然我们也经常会看到一些孩子因为追星而耽误学习，影响正常的生活，甚至是逃学去追星。但是发生这种情况其实并不奇怪，青春期孩子的行为本身就带有随意的特点，有些时候会超越常规一些或者过火一些，这都是在正常的范围之内。在成长的过程中，父母可以慢慢地帮助孩子加以调整。

引导孩子正确追星的方法有很多，要根据孩子的实际情况采用最适合孩子的方法，千万不要采用强制的办法。强行禁止是要不得的，这很容易激起孩子的叛逆心理，另外，引导是一个过程，父母一定要有耐心。

另外，家长对孩子追星的行为不必那么担心。原因有两个，一是追星有时间性，孩子不会永远这样，一般过了 20 岁，就不会那么疯狂地追星了，开始沉静下来，做一些和现实生活相适宜的事情。二是，追星的体验对孩子的成长很重要。追星是生活的精神层面，这种疯狂的超越自我内心控制或者摆脱父母管理的感觉，会给孩子的成长带来很大的动力，他觉得活着是一件很愉悦的事。

一个孩子发展得好还是不好，就是看他从生活中得到快乐有多少。如果他总是感觉不到快乐，成长的意愿就会变得很弱，如果他随时都有快乐和自我满足，就会觉得活着很美好，会努力更好地活下去。